David Dambitsch

Der blaue Koffer der Familie Samosch
Briefe und Erinnerungen

»›Nein!‹, nie soll ein anderes Kind durchleben müssen, was ich durchleben musste, Kindheit, ›Nein!‹, tobte, brüllte es in mir, es darf nicht sein, dass diese Kindheit ihm – dir – mir widerfährt, ja, und damals fing ich an, meiner Frau meine Kindheit zu erzählen, vielleicht auch mir selbst, ich weiß es nicht, [...]«[1]

Aus: *Kaddisch für ein nicht geborenes Kind,*
Imre Kertész, geboren 1929 in Budapest

Dem Andenken von
Fritz und Hans Samosch, Walter Samosch
und der gesamten Samosch-Familie gewidmet.

Für Silke, Sophie mit Christopher,
Nava Rose und Levi Aaron und
Hannah Dambitsch mit Dario Schmock.

Inhalt

David Dambitsch

Der blaue Koffer der Familie Samosch

Briefe und Erinnerungen

S. Marix Verlag

Vorwort

Als eine Kette in der jüdischen Tradition kennt David Dambitsch den biblischen Auftrag, der für die jährliche Feier des jüdischen Pessachfestes von zentraler Bedeutung ist: Erzählt euren Kindern die Geschichte des ersten Beispiels von Judenhass, Diskriminierung, Vertreibung und Flucht aus dem Ägypten des Pharaos, wo die Juden jahrhundertelang sicher und geachtet waren. Diese Geschichte gipfelt in der Erteilung von Vorschriften, die für alle gelten sollen. Im weiteren Sinne vertrauten die Juden im Vorkriegseuropa darauf, dass das Versprechen von Freiheit, Gleichheit und Brüderlichkeit auch für sie gelten würde.

Sachor, die Aufgabe, sich an die Geschichte der Verfolgung und des jüdischen Lebens zu erinnern, ist von zentraler Bedeutung für die jüdische Tradition und für die Art und Weise, wie Juden ihre Geschichte erleben. *Ele Esskera*: Ich werde dieser Menschen am Schabbat und an jüdischen Fest- und Gedenktagen gedenken, ganz gleich, wie lange sie gelebt haben. Sie sind Teil der gelebten jüdischen Erfahrung des letzten Jahrhunderts, und sie leben in der Erfahrung der Generationen weiter, die nach der Shoah geboren wurden, wie David Dambitsch. Er erzählt ihre Geschichte, bevor sie verloren geht, verpackt in den Koffern von Menschen auf der Flucht. Im Hebräischen ist das Wort für Geschichte nicht zufällig *Toldot*, »Generationen«, verbunden durch eine persönliche Geschichte, die Teil eines größeren Ganzen ist. David Dambitsch hat die Aufgabe, die Geschichte seiner Verwandten zu erzählen und sie damit dem Vergessen zu entreißen, für seine Kinder und alle seine Leser:innen hervorragend erfüllt.

Als engagierter Journalist mit 40 Jahren Berufserfahrung, ist David Dambitsch in der Lage, genau die Fragen zu stellen, die den Interviewpartnern die Möglichkeit geben, eine Geschichte zu erzählen. Er hört gut zu, er ist gut vorbereitet, er recherchiert Fakten und Hintergründe. Wenn man seine Interviews hört oder nachliest, entdeckt man Erzählungen, die überraschen und neue Perspektiven eröffnen. Zusammen sind sie nun selbst Geschichte geworden. Wie wir von Herodot, dem Vater der Geschichtsschreibung, wissen, ist Geschichte letztendlich eine Sammlung mitreißender Erzählungen, für die man Quellen hat, in schriftlicher Form oder aus mündlicher Überlieferung. Eine Geschichte, die Neugierde auslöst.

In *Der Blaue Koffer der Familie Samosch* tut er genau das, wenn er die wechselvolle Geschichte seiner jüdischen Vorfahren erzählt. Die Familie liebt Bücher, genau wie der Autor. Seine Familie war jüdisch und natürlicher Teil einer zentraleuropäischen Gesellschaft. Die Erzählung beginnt im 19. Jahrhundert in Breslau, damals Hauptstadt von Deutsch-Schlesien und heute Wrocław in Polen. Sie reicht bis in die Gegenwart mit den Kindern und Enkelkindern. Die Shoah gibt der Geschichte eine dramatische Wendung. Gewissheit weicht Flucht und Vertreibung, Ghettos, Durchgangs- und Konzentrationslagern. Die Überlebenden landen in Amsterdam, Palästina, den Vereinigten Staaten und Deutschland. Sie gestalten ihr Leben neu, wobei sie meist vergeblich versuchen, ihr geraubtes Eigentum wiederzuerlangen.

Vor neunzig Jahren, im Mai 1933, wurden in ganz Deutschland Bücher verbrannt, und wo Bücher verbrannt werden, werden am Ende auch Menschen verbrannt, wie Heinrich Heine im Zusammenhang mit der Verfolgung von Muslimen im mittelalterlichen Spanien schrieb. Das Schicksal von Davids Onkel Fritz, Buchhändler und Bücherfreund, bestätigt die Worte Heines – wie im Buch nachzulesen. Haben Fritz Samosch und seine Cousins Hans und Walter die Erzählung *Buchmendel* von Stefan Zweig oder das Werk von Joseph Roth gekannt? Es sind die Lieblingsautoren des Verfassers, die beide den aufkommenden Sturm beschrieben und genau wie die Samoschs die Flucht ergriffen. David Dambitsch ist der Chronist einer bewegenden Familiengeschichte.

Rabbiner Edward van Voolen, Berlin 10. Mai 2023

Einleitung

In diesem Buch geht es um moderne Europäer, die aufgrund von Antisemitismus und nationalsozialistischer Herrschaft aus ihren Lebensentwürfen gedrängt wurden. Sie wurden ihrer Habe, ihrer Heimat und teilweise ihres Lebens beraubt. Das Unrecht, das ihnen widerfahren ist, wurde im Nachhinein relativiert und infrage gestellt.

Im Mittelpunkt der Geschichte stehen fünf Cousins aus zwei jüdischen Familien des aufstrebenden Mittelstands vom Anfang des 20. Jahrhunderts. Verbunden sind die Fünf durch den jungen Buchhändler Fritz Heinrich Samosch. Der Wiener erbte zusammen mit seinen zwei Cousins aus der Familie seines Vaters in Breslau eine Buchhandlung. Auch zur Familie seiner Mutter hatte er ein herzliches Verhältnis und sah sogar auch seinen jüngsten Cousin regelmäßig in Berlin, wo sein Onkel als Richter arbeitete. Doch dieses bürgerliche Leben von Fritz, inspiriert durch die neuen internationalen Ideen in den Bereichen von Kunst und Literatur, geriet immer weiter in den Strudel nationalsozialistischer Verfolgung und riss alle Menschen aus seiner Umgebung schließlich mit sich. Nach dem Krieg musste er dann erleben, wie unrechtmäßig geschaffene Tatsachen letztendlich akzeptiert und zur Grundlage für die Nachkriegsordnung wurden.

In diesem Buch wird die Geschichte einer jüdischen Familie aus Breslau (heute: Wrocław) von der Mitte des 19. Jahrhunderts bis Ende der 1970er-Jahre erzählt. Für die Bürger im Wrocław von heute ist es ein verschüttetes Erbe, doch erzählt es viel von Sentiments, die fortwirken, die die deutsch-jüdisch-polnische Geschichte zu Recht belasten, die bis jetzt unausgesprochen bleiben. In einem vereinten Europa muss dieses Thema zur kulturellen Verständigung gehören.

Seit Mitte des 19. Jahrhunderts war die Familie Samosch im Buchhandel tätig. Ihr Geschäft lag an der Ecke Szewska-/Kolarskastraße, wo heute ein Plattenbau steht. Als Wrocław noch Breslau hieß, hatte das Geschäft die Doppeladresse

Kupferschmiedestraße 13 und Schuhbrücke 27. Das Haus selbst war 1843 fertiggestellt worden. Der legendäre Theaterkritiker Alfred Kerr gehörte zu den Nachbarskindern:

> *»Die Erinnerung an bunte Glasfrüchte haftet mir aus der frühesten Kinderzeit. Auch an einem Fenster>Tritt< mit meiner Großmama, in der alten Schubrücke. Der Duft aus den Chemikalienfässern in diesem ersten Wohnhaus. Und salzige Tränen über einen Leierkastenmann, an dem wir dort beim Spaziergang vorbeischritten, ohne dass man ihm was gab. [...] Als wir in der Schubrücke wohnten, besaß mein Vater in dem alt-hübschen Hause Ring Nr. 7 seine Weinhandlung. Anfang der siebziger-Jahre zogen wir in den neuen Teil Breslaus, an die stolzeste Stelle, gegenüber dem Stadttheater, Schweidnitzer Straße 27. Dort hab' ich meine schönste Kindheit verbracht.«[2]*

Während des NS-Regimes teilten sich die drei Cousins Fritz, Walter und Hans Samosch die Besitzrechte an dem Familienunternehmen. Walter, der Zionist, lebte damals bereits im damaligen Palästina, heute Israel. Fritz lebte in Wien, floh in die Niederlande, wurde im KZ Westerbork inhaftiert und dank des Mutes seiner österreichischen Frau gerettet. Hans wurde in Breslau zum Verkauf der Buchhandlung gezwungen, floh über Wien ebenfalls in die Niederlande, wurde von dort nach Sobibór deportiert und am 14.5.1943 für tot erklärt.

Nach dem Krieg schrieben sich Walter und Fritz regelmäßig Briefe zwischen Holland und Israel. Es geht darin um das Leben nach dem Überleben und um Lastenausgleich: Der deutsche Staat zahlte nämlich allen Heimatvertriebenen eine Geldsumme für Flucht und erlittene Schäden. Doch für Fritz und Walter gab es ein Problem. Der Profiteur des unter den Nazis erzwungenen Verkaufes hatte ebenfalls Ansprüche auf Lastenausgleich an die Behörden gestellt.

Rechtlich vertreten durch die Heimatvertriebenenverbände ging der Streit bis Ende der 70er-Jahre. Da war Walter schon gestorben und Fritz hatte längst aufgegeben. Für Walters Witwe Sara war Breslau weit weg.

Onkel Fritz

Wenn man als Kind in eine Familie hineingeboren wird, nimmt man erst einmal alles als selbstverständlich und gegeben hin. Dann, während des Prozesses des Heranwachsens, beginnt man von sich auf andere zu schließen und stellt im günstigsten Fall ziemlich schnell fest, dass diese Vorgehensweise immer zum Irrtum führt.

Dass meine Familie irgendwie anders war, habe ich während meiner Grundschulzeit im West-Berlin der 60er-Jahre schnell festgestellt. Wer nämlich damals seine Tanten und Onkeln selten sah, hatte Verwandte »drüben« in der DDR, oder die Eltern scheuten das stundenlange Warten an den Grenzkontrollpunkten nach Westdeutschland.

Keiner meiner Mitschüler hatte allerdings – so wie ich – Verwandte in New York, Paris, Mailand und den Niederlanden. Von denen hatten sich die einen in den Staaten überhaupt erst kennengelernt, die anderen waren nach einer überstürzten Eheschließung aus dem zerbombten Berlin nach Frankreich geflohen, nach dem Krieg emigriert oder noch während der Zeit des NS-Regimes auf der Flucht durch Europa irgendwo gestrandet.

»Halbjüdisch« hatte man die »Rasse«kategorie genannt, die die Nazis für meinen Vater und seine Schwestern erfunden hatten. Das bedeutete für ihn und seine Geschwister die Unmöglichkeit, ein Abitur oder ein Studium zu absolvieren oder einen sogenannten »Arier« oder eine »Arierin« zu heiraten. Im Berlin des NS-Regimes hieß das auch, beständig Angst zu haben, doch noch deportiert zu werden oder wegen geringster Vergehen Unglück auch über alle anderen zu bringen. Dass ich also eigentlich auch viele jüdische Verwandte hatte, wusste ich damals nicht mit Gewissheit, sondern nur ungefähr. Mein Vater hatte mir von der Familie nur im Allgemeinen erzählt.

Mit dem Wort »Krieg« verband ich deshalb auch schon früh Geschichten: Mein Vater erzählte von auf der Flucht erschossenen Freunden, von Hunger, Angst und Versteck. Vieles wurde nur angedeutet, rutschte ihm eher heraus, als dass er es wirklich beschrieb. Schon als Kind wusste ich um die Lücken im Hinblick auf meine Informationen. Als ich mich dann später als Jugendlicher dazu entschloss, Journalist zu werden, ist mir diese Erkenntnis geblieben. Sie begleitet mich bis heute. Das vorliegende Buch ist das Produkt jahrzehntelanger Recherchen, und dennoch blieb vieles offen. Es waren wirre Zeiten.

Fritz Heinrich Samosch[3], Cousin meines Vaters, einziges Kind der einzigen Schwester meines Großvaters, lernte ich nur einmal persönlich kennen. Die Familie feierte gerade die Hochzeit einer Cousine. Man hatte alle aus ganz Europa in ein Landstädtchen in Holland eingeladen. Die Sonne schien, man saß auf den üblichen Gartenklappstühlen der 70er-Jahre zusammen, aß, trank und unterhielt sich. Ich selbst war damals 16 Jahre alt und hatte natürlich auch schon von Onkel Fritz gehört. Er war 25 Jahre älter als mein Vater. Den damals 74-Jährigen erlebte ich als zierlichen, gepflegten, grauhaarigen Mann.

1 | *Fritz Heinrich Samosch, sein Neffe David Dambitsch und dessen Vater Wilhelm bei einem Familientreffen in den Niederlanden, 1975*

Zeitlebens, so wusste ich, hatte er schlecht sehen können, was ihn nicht davon abgehalten hatte, der Literatur sein Leben zu widmen. Er sprach leise, ohne Akzent, weder holländisch noch wienerisch, was ich damals für selbstverständlich hielt. Fritz hatte nach dem Tod seiner ersten Frau eine sehr viel jüngere Frau aus Indonesien geheiratet, voller Wärme, Charme und Humor umhegte sie ihren Mann. Überhaupt gingen alle sehr respektvoll und vorsichtig mit Onkel Fritz um. Bei dem Fest erzählte man sich gegenseitig Anekdoten von früher, von den Sommerferien in Potsdam während der Weimarer Republik, die die Familie jedes Jahr gemeinsam in der Villa der Generalleutnant-Witwe Anna von Hertzberg, einer befreundeten Adelsfamilie, verbracht hatte. Man sprach von dem vergangenen Lebensgefühl vor den Toren Berlins, behütet in wirtschaftlich abgesicherten Verhältnissen. Sogar mein Vater, der sich selten beeindrucken ließ, schaute ein bisschen zu seinem älteren Cousin auf: Als Buchhändler war dieser unendlich belesen, zehn Sprachen soll er fließend gesprochen haben. Es war ein fröhliches Zusammensein. Man erzählte an diesem langen Wochenende nichts vom Krieg, von den Toten, dem Unrecht der Zeit. Doch ich wusste es bereits. Fritz war etwas Furchtbares geschehen, irgendetwas im Konzentrationslager.

Wir sollten uns nicht wiedersehen. Mit 16 Jahren beginnt das eigene Leben und man sucht seine eigenen Wege. Zwar hörte ich durch meinen Vater immer wieder von Onkel Fritz und Tante Daisy, doch die Scheidung meiner Eltern ließ über Jahre hinweg alles, was mit Familie zu tun hatte, nicht mehr an mich heran. Als Onkel Fritz im Jahr 1983 starb, kondolierte die Berliner Restfamilie Tante Daisy nur noch per Brief, nach Holland machte sich keiner mehr auf. Das Interesse am Leben meines Onkels, meiner Familie insgesamt, wurde schließlich zu einer der Motivationen, mich journalistisch mit den Verwerfungen des 20. Jahrhunderts und deren Folgen zu beschäftigen.

Jahre vergingen. Ich gründete selbst eine Familie, mein Vater starb. Ich veröffentlichte mein erstes Buch *Im Schatten der Shoah – Gespräche mit Überlebenden und deren Nachkommen.*

Dann klingelte eines Tages das Telefon. Ein älterer Mann aus Aachen war am anderen Ende der Leitung – damals sprach man noch analog miteinander – und fragte, ob ich tatsächlich David Dambitsch sei. Ich bestätigte ihm noch einmal meinen Namen und erfuhr, dass er im Auftrag von Daisy aus den Niederlanden anriefe. Sie suche mich seit Jahren, um wieder mehr Kontakt zur Familie ihres ersten Ehemannes aufzunehmen. Nun sei er für seine 86-jährige Freundin auf die Post gegangen und habe das Berliner Telefonbuch gewälzt, so erklärte er mir weiter. Der einzige »Dambitsch« in Berlin sei ich. Natürlich fielen mir Onkel Fritz und Tante Daisy sofort wieder ein. Die Freude war groß, doch gab mir dieses Telefonat auch einen Stich. Denn – wie ich mittlerweile wusste – hatten vor dem Zweiten Weltkrieg sieben Familien mit dem Namen *Dambitsch* – polnisch für, wie mir gesagt wurde, »Eichenbaum« – in der Stadt gelebt. In der zweiten Generation gab es nur noch mich. Mehrere sentimentale Telefonate mit Tante Daisy folgten. Schließlich fuhren wir zu Besuch, meine Frau, meine Töchter – damals 12 und 7 Jahre alt – und ich.

Deetje Samosch-Beelt, genannt Daisy, lebte damals in einer kleinen Wohnung in Beverwijk nordwestlich von Amsterdam – meine Töchter waren sofort von ihr fasziniert und nahmen sie mit Beschlag: Denn Daisy war so ganz anders als alle anderen der Tanten, sie stammte aus Indonesien, ihre Mutter war noch Sklavin gewesen. Meine Töchter fühlten sich sofort wie in einem Abenteuerroman: Wer war nur Josephine Baker, der Daisy so ähneln sollte? Egal, noch eine Geschichte, aunty Daisy! Sie hatte nach dem Tod ihres ersten Mannes Fritz noch einmal geheiratet, doch er war die große Liebe ihres Lebens geblieben. – Der feinsinnige, kluge, fast erblindete Fritz. Immer wieder fand Daisy Familienähnlichkeiten zwischen unseren Töchtern und ihrer Schwiegermutter Rose, die sie zwar niemals kennengelernt hatte, der sie sich aber tief verbunden fühlte. Denn Rassismus war der farbigen Daisy genauso oft in ihrem Leben zwischen Indonesien und den Niederlanden begegnet wie der deutschen Jüdin Rose im Wien des Antisemiten Karl Lueger.

Immer wieder betonte sie das Glück, Kinder zu haben. Sogar unsere Siebenjährige spürte schließlich den Schmerz, der sich hinter der Freude verbarg, so sehr, dass meine Frau und die Mädchen einen Spaziergang machten, damit Daisy und ich allein sprechen konnten. Da zeigte sie mir zum ersten Mal den blauen Koffer. Dieser Koffer enthielt Dokumente, Briefe und Erinnerungen an ihren verstorbenen Mann Fritz. Ich erfuhr, dass Fritz infolge seines KZ-Aufenthalts keine Kinder zeugen konnte, dass es ein Hin und Her um seine Rettung gegeben habe, dass die erste Frau von Fritz daran zerbrochen sei. Doch Daisy erzählte unzusammenhängend. Auf Vieles konnte ich mir keinen Reim machen. Und ich durfte nicht einfach selbst in diesem Koffer stöbern und mir ein Bild machen. Daisy war dieser Koffer wichtiger als der Brillantring mit hellblauen Saphiren, der der Verlobungsring ihrer Schwiegermutter Rose gewesen war. Den Ring schenkte sie mir für meine Töchter, ohne zu zögern. Doch die Erinnerungsstücke aus dem blauen Koffer wollte sie weiter hüten.

Ich bekam stattdessen den Auftrag, für sie beim österreichischen Staat Wiedergutmachung zu fordern. Ich solle – so meine Tante – ihr dann sagen, welche Dokumente ich brauchte, um nachzuweisen, dass mein in Wien geborener Onkel und seine erste Frau auf der Flucht vor dem NS-Regime nach Holland fliehen mussten und vom Österreichischen Staat als Bestandteil des NS-Regimes zuvor systematisch ausgeraubt worden seien. Ein Freund würde unter ihrer Aufsicht heraussuchen, was ich benötigen würde. Ich selbst solle beim österreichischen Staat das Beste für sie herausholen. Am 13. November 2002 legte ich los:

Allgemeiner Entschädigungsfonds[4]
('General Settlement Fond')
Für überlebende 'Arisierungs'-
Opfer und deren Nachkommen der
Republik Österreich
Parlament

Berlin, den 13. November 2002

NEWSLETTER
Anlaufstelle des International Steering Committee
für jüdische NS-Verfolgte in und aus Österreich

Sehr geehrte Damen und Herren,

o. a. NEWSLETTER entnahm ich, dass in Österreich ein Allgemeiner Entschädigungsfonds für jüdische NS-Verfolgte eingerichtet worden ist, für den Überlebende und ErbInnen antragsberechtigt sind.

Ich bitte Sie um Zusendung eines Antragformulars, verbunden mit der Bitte um nähere Information, inwieweit eventuell auch/oder der Nationalfonds der Republik Österreich für Opfer des Nationalsozialismus in und aus Österreich für einen Antrag in Frage käme.

Zur Sache: Mein Onkel Fritz Samosch, geb. 16.10.1901 in Wien, gestorben am 26.03.1993 in Amsterdam, war der Sohn von Samuel Samosch (geb. 1859 in Breslau, gestorben 1935 in Wien, beerdigt in Breslau) und Rose Samosch, geborene Dambitsch (geb. 1974 in Breslau, gestorben 1919 in Wien, beerdigt in Breslau [sic!][5]).

Rose Dambitsch war die Schwester meines Großvaters, Landgerichtsrat Dr. jur. Ludwig Dambitsch.

Laut mir vorliegenden Schreiben des Magistrats der Stadt Wien, Magistratsabteilung 61 vom 25.06.2002 war mein Onkel Fritz Samosch in der Einwohnerkartei der Bundeshauptstadt Wien von 1936 als deutscher Staatsbürger verzeichnet.

Fritz Samosch lebte mit seinen Eltern von seiner Geburt an bis vermutlich 1940 in Wien, Adresse: Wien 3, Hintzerstraße 11.

Unter dem Aktenzeichen: 39496 befindet sich im Österreichischen

Nationalarchiv, Nottendorfer Gasse 2, 1030 Wien die Vermögens-akte aus der Zeit des Nationalsozialismus von Fritz Samosch, die mir in Kopie vorliegt. Darin finden sich u. a. das von ihm am 14.02.1939 ausgefüllte Formular 'Verzeichnis über das Vermögen von Juden' nach dem Stand vom 27. April 1938 und weitere Dokumente zu sei-ner Enteignung.

Fritz Samosch emigrierte meines Wissens nach 1940 in die Nieder-lande. Nach der Okkupation der Niederlande durch Nazi-Deutsch-land wurde er in das KZ Dachau [sic!] deportiert und dort sterilisiert. Er überlebte wie durch ein Wunder und lebte nach 1945 bis zu sei-nem Tod 1983 in den Niederlanden. Seine Witwe lebt dort bis heute. Allerdings gestattet ihr Gesundheitszustand eine derartige Anfrage nicht mehr. Daher habe ich mich als einziger lebender, direkter Ver-wandter von Fritz Samosch an Sie gewandt mit der Bitte, inwieweit ich als nachfolgender Erbe von Fritz Samosch antragsberechtigt bin. Für eine Information Ihrerseits danke ich im Voraus.

Mit freundlichen Grüßen,
David Dambitsch

Es ging hin und her, beschäftigte mich Monate, alle waren bemüht, aber nichts ging wirklich voran. Zwar hatte ich bereits im Dezember desselben Jahres das »Antragsformular für den Allgemeinen Entschädigungsfonds« in Händen gehalten, hatte mich bis Februar 2003 durch das über 30 Seiten lange Formular auch durchgequält und immer wieder, zwischen Beverwijk und Berlin telefonierend und Briefe schreibend, alle Beweise gesammelt, diese sogar einen Monat später ergänzt: Tante Daisy hatte noch mehrmals in den Koffer geschaut und immer neue Unterlagen gefunden. So kam unter anderem heraus, dass Fritz im KZ Westerbork und nicht in Dachau – wie ich ursprünglich dachte – zwangssterilisiert worden war. Auch stieß ich in diesem Zusammenhang erstmals auf die Buchhandlung in Breslau, heute Wrocław, die meinem Onkel zu einem Drittel gehört hatte. Doch dann kam alles ins Stocken.

Man überlegte, gewichtete, dachte drei Jahre lang nach und entschied schließlich im März 2006, in dem Jahr in dem Tante Daisy im Dezember ihren 90. Geburtstag feiern sollte. Da war sie mir dann allerdings auch schon böse. Denn sie hielt mich für den Schuldigen an allen Verzögerungen.

Meine alte Tante verstand nicht, wieso die Republik Österreich, die immerhin bis 50 Jahre nach Kriegsende gebraucht hatte, um überhaupt ein Bundesgesetz über den Nationalfonds der Republik Österreich für die Opfer des Nationalsozialismus zu beschließen, nicht handelte. Als Motto hatte man sich doch vorgenommen, den wenigen noch lebenden Überlebenden und ihren Erbinnen und Erben »möglichst rasch, flexibel und unbürokratisch zu helfen« und die *Mauerbach-Auktion* von 1996 hatte doch genügend Geld in die Kassen gespült?!

Tante Daisy hat mir wieder verziehen, sie wurde fast 100 Jahre alt und wurde in Holland auch Dank der Zahlungen aus dem Entschädigungsfonds bis zu ihrem Tod 2015 liebevoll gepflegt. Sie vererbte mir zwei Dinge: Das eine war ein Teeservice, das Fritz und Fini sich zur Hochzeit angeschafft hatten. Es muss damals ultramodern gewesen sein – der Architekt und Entwerfer Josef Hoffmann, Mitbegründer der *Wiener Secession* und der *Wiener Werkstätte*, hatte es gestaltet. Es überstand den Zweiten Weltkrieg, vergraben im Garten von Finis Bruder, einem Wiener Oberkellner, bis auf eine Tasse unbeschadet. Das andere war jener blaue Koffer.

Noch 2008 hatte sie diese Hinterlassenschaft für mich als *Onvoorwaardelijke Opdracht* – »Unbedingter Auftrag«[6] schriftlich festgelegt: »Ich habe meinem ehemaligen Ehemann Fritz Samosch versprochen, [...] dafür Sorge zu tragen, dass nach meinem Sterben diese Dokumente zu einer deutlich darauf Wert legenden Partei ihren berechtigten Platz finden sollen. Es sind keine Mitglieder der Samosch-Verwandtschaft [...] mehr bekannt am Leben. Das einzig noch lebende Mitglied in der direkten Linie der Dambitsch Verwandtschaft, das mir bekannt ist, ist Herr David Dambitsch.« Bis heute ist mir weder aus dem Samosch-Familienzweig, für Fritz war es die väterliche Linie, noch aus dem Dambitsch-Zweig, für mich meine Großtante Rose, die Mutter von Fritz, jemals ein Verwandter in meiner Generation begegnet. Ich habe gesucht und nur Tod gefunden. So habe ich es als Verpflichtung angenommen, mich des Erbes meines Onkels Fritz Samosch anzunehmen. Der Inhalt des blauen Koffers bildete dabei nur den Anfang aller Recherchen. Der große Schriftsteller Hans Sahl hat es einmal so zusammengefasst: »Ein Mensch fand statt.«[7]

Im blauen Koffer fanden sich zunächst einmal Zeugnisse, Urkunden und Ausweise als Beweise für ein stattgefundenes Leben. Fritz Heinrich Samosch war also auch für alle diejenigen zu belegen, die ihn nicht noch persönlich kennenlernen durften. Mit allen anderen seines Jahrgangs ist er zur Schule gegangen, hat eine Berufsausbildung absolviert, besaß eine Wohnung, war verheiratet.

Darüber hinaus gab es Erinnerungsstücke aus Fritz' Kindheit und Jugend in Wien: Zwei Reiseführer aus den Jahren 1931 und 1938 hatten ihn offenbar bis zum Lebensende begleitet – Erinnerungen an die Stadt seiner Kindheit, die unwiederbringlich verloren war. Noch eingerahmt in schlichtem schwarzen Holzrechteck lag eine Radierung zwischen den Papieren: Blick über die Wiener Altstadtdächer auf den Stephansdom, auf der Rückseite mit Kugelschreiber geschrieben, »Liesl samt Familie, zur lieben Erinnerung an Wien, 30. Juli 1960«. Die Familienfotos aber stammten hauptsächlich aus der Vorkriegszeit des Ersten bzw. Zweiten Weltkriegs, teilweise noch auf dicker Pappe, von einem Fotograf im Geschäft sorgfältig arrangiert, schaute man ernst und würdevoll, die Rücken stets durchgedrückt, alle trugen Festtagskleidung, um sich ablichten zu lassen in Breslau oder dem Wien der K.-u.-k.-Zeit – Fritz als Kind, als Jugendlicher, als Student, als Buchhändler in Wien; gute Stuben sind zu sehen, steife Hüte, gestärkte Schürzen, Bilder aus dem Exil im Amsterdam, der Nachkriegszeit in den Niederlanden. Und immer wieder dazwischen, wahllos durcheinandergeworfen oder vom Transport durcheinandergebracht: persönliche und staatliche Dokumente, Ausweise aus dem KZ Westerbork und Dokumente zu seiner sogenannten »Wiedergutmachung« durch Deutschland und Österreich.

Und schließlich fand ich dort – inmitten von allen diesen Erinnerungen – ein Konvolut von Briefen zwischen Onkel Fritz und seinem Cousin Walter, von dem Tante Daisy niemals zuvor etwas erzählt hatte. Erst 1956, elf Jahre nach Ende des Zweiten Weltkriegs, hatten sie einander wiedergefunden: Fritz in den Niederlanden, Walter in Israel. Beide waren Überlebende der Shoah, beide konnten kaum glauben, dass es den anderen noch gab. Es begann ein intensiver, herzzerreißender Briefwechsel über fast zehn Jahre, der in diesem Buch erstmals vollständig abgedruckt ist.

In diesem Briefwechsel zwischen Fritz und Walter Samosch wird unmittelbar erfahrbar, was die hochbetagte Tante Daisy, deren Muttersprache eigentlich Holländisch war, mit der ich mich aber immer auf Englisch unterhielt, mir zuvor bei unseren Besuchen in den Niederlanden immer nur bruchstückhaft erzählt hatte. Fritz hatte ihr gegenüber natürlich von seiner Lebensgeschichte gesprochen, doch konnte sie die ganzen deutschsprachigen Dokumente, die er gesammelt hatte, selbst nicht lesen, geschweige denn einordnen. Der Sprachduktus der verschiedenen Zeitläufte blieb ihr deshalb genauso verborgen wie der detailreiche Eindruck einer Situation, der sich nur durch das Quellenstudium erschließen lässt. Deshalb waren ihre Erzählungen für meine Ohren so undeutlich geblieben. Schon bei der ersten Durchsicht des blauen Koffers verstand ich erste Zusammenhänge. Ich erfuhr den groben Sachverhalt, dass nämlich Fritz zusammen mit seinen beiden Cousins, den Brüdern Hans und Walter Samosch, 1934 von ihrer gemeinsamen Tante Rosalie Samosch in Breslau – testamentarisch vermacht – Antiquariat und Buchhandlung N. Samosch geerbt hatten. Hans Samosch hatte diese mit seiner Ehefrau Rosa Samosch-Bial übernommen und weitergeführt, denn sein Bruder Walter war bereits ein Jahr zuvor, im Februar 1933, ins damalige Mandatsgebiet Palästina geflohen. 1937 wurden Antiquariat und Buchhandlung – wie es im Nazi-Jargon hieß – von einem langjährigen Buchhandlungsgehilfen »arisiert«.

Das Antiquariat führte »Antiquitäten und Raritäten von Judaica, pflegte umfangreichen Verkauf von Schulbüchern für Volksschulen, Mittelschulen, die Universität in Breslau, bot zugleich Klassiker und allgemeine Literatur an«. Gegründet 1844 »von meinen Großeltern Samosch«, schrieb Walter Samosch, befand sich das Antiquariat »seit drei Generationen im Besitz der Familie«. Noch ein Jahr vor seinem Tod, 1967, erinnerte sich der Landwirt Walter Samosch Jahrzehnte später in Israel, als er seinen Antrag an das Lastenausgleichsamt in Deutschland für eine Familienbuchhandlung stellte, die sich nun in Polen befand, sehr präzise an die Details des Familienunternehmens:

> »Nach meiner Erinnerung florierte das Geschäft sehr gut und genoss einen ausgezeichneten Ruf durch eine weitverzweigte Stammkundschaft wie zum Beispiel ältere Leute, die sich noch an ihren Schulbücher-Einkauf erinnerten. Das Geschäft hat komplette Leihbibliotheken gekauft; es hatte einen großen Umsatz an Klassikern und allgemeiner Literatur. Es gab einen großen Kreis von Interessenten an hochwertigen Raritäten, wie z. B. eine Original-Zeitung, Radierung,

Lithographie in einem bestimmten Band einer bestimmten
Auflage eines bestimmten Schriftstellers etc., Antiquitäten
in Luxusausgaben, Kunstalben u.s.w.; Lehrbücher antiqua-
risch und neu für sämtliche Schulen, Lehr- und Erziehungs-
anstalten, Volks- und Mittelschulen, humanistisches – und
Realgymnasium, Universität und Hochschule, allgemeine
Lehrbücher und Fachliteratur, Kinderbücher, Jugendbücher
und wissenschaftliche Werke etc.«[8]

Um allerdings an diese sehr speziellen Informationen für einen Lastenausgleichsantrag zu gelangen, die Tante Daisy in den Niederlanden natürlich niemals zugänglich gewesen waren, bedurfte es nachhaltiger Recherchen. Erst durch Historiker erhielt ich schließlich den Hinweis, dass, sollte der »Ariseur« des Antiquariats N. Samosch den Zweiten Weltkrieg überlebt haben, die Möglichkeit bestünde, dass er auch einen Antrag auf Lastenausgleich für den Verlust der Buchhandlung gestellt haben könnte. Zeitgleich erfuhr ich, dass die »Lastenausgleichsakten«, auch die von Breslau, den Zweiten Weltkrieg ebenfalls überdauert hatten und nunmehr ausgerechnet im Bundesarchiv in der Außenstelle Bayreuth – der Stadt des Antisemiten Richard Wagner – aufbewahrt wurden.

Mein Antrag auf Akteneinsicht löste dort zunächst Abwehrhaltung und Misstrauen aus. Man schob vor, Persönlichkeitsrechte des 1981 verstorbenen »Ariseurs«, der tatsächlich in Niedersachsen nach dem Zweiten Weltkrieg ein beschauliches und unbescholtenes Leben hatte führen können, könnten verletzt werden; es sei zudem unklar, ob eine solche Akte überhaupt existiere. Natürlich existiert sie.

Erst, nachdem ich auf eigene Kosten einen Recherchedienst beauftragte, war die Existenz der Akte nicht mehr zu leugnen. Es sollte dann mehr als ein halbes Jahr vergehen, bis mir endlich die Kopie der im Ganzen 314 Seiten umfassenden Akte des »Ariseurs« vorlag. Darin fand ich endlich Antworten auf all jene Fragen, die mich seit unserem ersten Besuch bei Tante Daisy in den Niederlanden beschäftigt hatten.

Die Geschichte meines Onkels Fritz und die der geraubten Familienbuchhandlung wird in diesem Buch erzählt.

2 | Korrespondenz der Buchhandlung N. Samosch, Breslau mit den Nachfahren der Löbl. Cotta'schen Buchhandlung in Stuttgart, 1919

3 | Werbung im Breslauer
Jüdischen Gemeindeblatt, 31.03.1936

Samosch Sämtliche Bücher

> »Verleger, Fabrikdirektoren, Großindustrielle, höhere Beamte sind zu Hunderten von Hochschulen zu Ehrendoktoren ernannt worden – das Antiquariat, diese treueste und hingebungsvollste Helferin der Wissenschaft, ist bis heute leer ausgegangen, trotzdem es ihm wirklich nicht an Männern fehlt, die den Fakultäten zur Zierde gereichen würden.«[9]

> S. Martin Fraenkel, Die Bewertung der Arbeit des Antiquars in der Öffentlichkeit, Leipzig 1929

Mein Onkel Fritz, selbst Einzelkind, hatte zwei Cousins von mütterlicher Seite, Werner Dambitsch[10], geboren 1913, und meinen Vater Wilhelm[11], den Familiennachkömmling, geboren 1926. Von väterlicher Seite waren es die Brüder Walter[12] und Hans[13] Samosch, die Fritz als Cousins altersmäßig sehr viel näherstanden als die Dambitsch-Jungen. Sowohl die Dambitsch- als auch die Samosch-Familie stammten aus dem schlesischen Judentum. Beide Familien waren geprägt vom Reformjudentum, dessen Wiege in der ehemaligen Hauptstadt Schlesiens stand: Weltweit geht diese Glaubensrichtung des Judentums auf den berühmten Gelehrten und machtvollen Prediger Rabbiner Abraham Geiger[14] zurück, der von den orthodoxer gesinnten Breslauer Gemeindemitgliedern seinerzeit allerdings so leidenschaftlich bekämpft worden war, dass er 1863 nach Frankfurt am Main übersiedeln musste. Er hinterließ allerdings deutliche Spuren am Ort seines ehemaligen Wirkens. In der 1872 zu Rosh ha-Schana eingeweihten Neuen Synagoge Am Anger 8 folgte man weiter dem liberalen Ritus. Das liberale Glaubensverständnis wurde im Umkreis der weltoffenen und assimilierten Dambitsch- und Samosch-Familien so selbstverständlich weitergegeben und gelebt, dass mein Onkel Werner, dem die Flucht nach Amerika gelingen sollte,

Antiquariat u. Buchhandlung

N. Samosch

Kupferschmiedestr. 13
und Schuhbrücke 27

empfiehlt sehr preiswerte

Geschent-
und **wissenschaftliche Literatur**
jeglicher Art

*4 | Werbung Antiquariat und
Buchhandlung N. Samosch,
Breslau, ca. 1930*

Jahre später in New York auch davon ausging, dass jüdisch sein im 20. Jahrhundert ganz klar bedeutete, liberal zu sein: Eingeladen zu einer Bar-Mizwa wollte er seine Frau[15] mit in die Reihen der Beter ins Zentrum des Gotteshauses nehmen. Sie, die bemerkte, dass die Frauen sich in der orthodox geprägten Synagoge auf dem Balkon trafen, stieg umgehend ohne ihren Mann die Treppen hinauf. Doch sie blieb nicht lange allein. Werner kam hinterher. Gott nicht gleichberechtigt neben seiner Frau zu loben, kam für ihn nicht infrage. Als egalitär gesinnter Mann wählte er deshalb solidarisch mit seiner Frau in einer orthodoxen Synagoge eben den Balkon.

Wie die Dambitsch-Familie zuerst Schuhe und später Stoffe und Seiden verkaufte, so handelte man bei den Samoschs mit Büchern. Buchhandlung und Antiquariat N. Samosch waren in Breslau beinahe 90 Jahre lang eine Institution gewesen, die erst durch die Zwangsmaßnahmen des NS-Regimes untergehen sollte.

Schöne und geistreiche Bücher zu lesen, diese angemessen zu präsentieren, ihren Wert an Kunden zu vermitteln und darüber Gespräche zu führen, war in der Familie Samosch tief verwurzelt, so sehr, dass von den drei Familienerben sogar zwei der Profession des Großvaters folgten. Für beide war es eine Berufung. Doch sollte es sich bald als Nachteil erweisen, sich als Juden zu Beginn des 20. Jahrhunderts so tief mit der deutschsprachigen Lesekultur zu verbinden. Denn es erwies sich eben als Nachteil beim Kampf ums Überleben. Das gesamte Intellektuelle, Bibliophile und Geistreiche in Deutschland konnte dem Strudel des NS-Regimes nicht nennenswert widerstehen. Im Volk der Dichter und Denker hatte man schnell, sehr schnell aufgegeben, noch ehe die jüdischen Mitstreiter um die deutsche Kultur die Flucht irgendwie hätten planen können. Auch die Familie Samosch konnte sich gegen den braunen Mob deshalb nicht wehren. Und dennoch, hat eigentlich keiner von ihnen klein beigegeben – solange es möglich war und soweit es ging.

Buchhandlung N. Samosch
im 19. Jahrhundert

> *»Die jüdische Gemeinde Breslaus war ebenso bunt gemischt wie in den anderen deutschen Landen. Einige jüdische Familien hatten dort seit 1744 gelebt, als erstmals wieder Juden in der Stadt aufgenommen worden waren; andere aus dem ländlichen Umfeld wurden angelockt durch die Chancen, die Breslau als Stadt bot. Einige wenige kamen aus weiter östlich gelegenen Landstrichen, die sogenannten Ostjuden, die in Preußen einen verheißungsvollen Zufluchtsort sahen.«*

Der Historiker Fritz Stern war 1926 in Breslau geboren worden und fand in seinem autobiografischen Erinnerungsband *Fünf Deutschland und ein Leben* diese Beschreibung für das Umfeld, in dem er aufgewachsen war.

> *»Unter den Breslauer Juden gab es Reiche und Arme, Orthodoxe und Reformierte, Traditionalisten und gänzlich Assimilierte; manche Juden waren [...] vollständig in das bürgerliche Leben integriert, während die Frauen in der Sozial- und Gemeindearbeit Pionierleistungen vollbrachten. Die Juden, von vielen Karrieren ganz ausgeschlossen, etwa in der Armee, in anderen, etwa als Beamte, behindert, waren im Handel und den freien Berufen überproportional vertreten; ähnlich auf den höchsten Stufen des staatlichen Bildungswesens. Und sie waren im Durchschnitt wohlhabender, somit große Steuerzahler und Philanthropen.«*[16]

Die Familien Samosch und Dambitsch finden sich in dieser Beschreibung in dreifacher Hinsicht wieder: Sie gehörten zu den Assimilierten, Reformierten und waren zumindest bis zur Mitte des 19. Jahrhunderts noch alle ganz und gar im Handel tätig.[17]

Für die Buchhandlung notierte Familie Samosch stets das Jahr 1844 als Gründungsdatum: Sucht man im Internet heute in Bezug auf Breslau nach Informationen, die diese Zeit der Buchhandlungseröffnung illustrieren können, so stößt man schnell auf zwei Hinweise: Einerseits den Aufstand der Schlesischen Weber, der an die sozialen Verwerfungen in dem von Preußen annektierten Gebiet in jenen Jahren erinnert und andererseits auf eine alte Bekanntmachung, die an das Provinzielle des Breslauer Stadtlebens in der Mitte des 19. Jahrhunderts erinnert. 1844 konnte man nämlich erstmals zwei lebende Giraffen in der damals rasant wachsenden Stadt bestaunen. Die Preise für den Besuch der Menagerie, des Zoos, wurden noch in Silbergroschen angegeben. Es dürfte wohl das Konterfei von Friedrich Wilhelm IV., König von Preußen darauf abgebildet gewesen sein, der sein Volk vier Jahre später damit enttäuschen sollte, dass er lieber »König von Gottes Gnaden« bleiben als »Kaiser von Volkes Gnaden« werden wollte. Der »Ludergeruch der Revolution« habe die Krone beschmutzt, so der Herrscher, unter dem die Buchhandlung N. Samosch, die von der Ladeneröffnung bis zur schließlich erfolgten Zwangsarisierung gleichermaßen als Antiquariat konzipiert war, einst gegründet wurde. Alfred Kerr hat über seine Vorfahren, die zur gleichen Zeit in Breslau heimisch waren wie Isidor und Nanni, rückblickend konstatiert:

> »Sie lebten alle, noch bei geringem Geldbestand, im Bewusstsein einer etwas ablehnenden, sehr empfindlichen, von der Umwelt gefühlsverschiedenen, verhinderten, mittelständig gewordenen, zur Disposition gestellten Aristokratie aus dem Heiligen Land. Gesteigert wurde dies Bewusstsein durch die argwöhnisch-frische Rauheit der Umschicht: vortrefflicher, doch in andrem Klima heimischen Nachbarmenschen. Die älteren Glieder meiner Familie kamen sich unter Wilhelm I. und II. (den »Kronprinzen«, Friedrich III., verehrten sie) ein bisschen wie mißkannte Flüchtlinge vor: in einer Gegend, wo keiner ihrer Art (ohne die brutale Demütigung einer

stempelnden Zwangstaufe) zu irgendeinem wesentlichen Amt gelassen wurde, gleichviel wie seine Fähigkeit war. Fast alle diese Menschen sind im Grund urmodern aus der zweitausendjährigen Konservenbüchse geklettert«.[18]

Urmodern[19]: Nanni und Isidor – beide berufstätig – passen da nahtlos in das von Alfred Kerr gezeichnete Bild.

5 | *Rosalie Samosch, ihr Neffe Hans und Ehefrau Rosa Samosch-Bial vor Antiquariat und Buchhandlung N. Samosch, Breslau 1930*

Alten Adressbüchern zufolge gehörte der Laden zuerst dem »Antiquar-Buchhändler« M. Singthon. 1848 arbeitete im Geschäft aber bereits Isidor Samostz[20], der seinen Namen wenig später zu Samosch eindeutschen sollte. Er heiratete Nanny Simmel und wurde »gerichtlicher« Taxator für antiquarische Bücher. So ließ er seine Frau unter N. Samosch firmieren.

Neben ihren erfolgreichen Geschäften im aufstrebenden Breslau – 1843 hatte die Perle Schlesiens 100 000 Einwohner, Anfang des 20. Jahrhunderts waren es bereits 500 000 – erzogen die beiden fünf Kinder und sorgten für deren Unterhalt und Ausbildung: Von den drei Mädchen Regina, Rosalie und

Dorothea heiratete nur Regina. So übernahmen Rosalie[21] und Dorothea[22] das Geschäft.

Von den beiden Jungen wurde der Ältere, Samuel[23], Prokurist. Ihn zog es als Erwachsenen nach Wien, wo er für einen Hutfabrikanten die Bücher führte. Dem jüngeren Sohn Julius[24] – 1888 hatte er wie so viele jüdische Bürger Breslaus sein Abitur am Elisabeth-Gymnasium abgelegt[25] und dort schon früh seinen Berufswunsch als Mediziner für sich gefunden – konnten die Eltern sogar ein Studium finanzieren. So wählte Julius folgerichtig Medizin als Studienfach – denn Juden waren ohnehin nur die freien Berufe zugänglich – und promovierte 1894 mit der Dissertation: *Ueber Wundbehandlung, mit besonderer Berücksichtigung der Neuber'schen Technik* und schloss sich selbstbewusst der ersten jüdischen Studentenverbindung an. Nach dem Studium begann er zunächst als Assistenzarzt am Fraenckel'schen Hospital[26] zu Breslau, das 1841 von den Bankiers David und Jonas Fraenckel[27] eröffnet worden war – beide Brüder waren im Sinne der Zedaka, der Wohltätigkeit im Judentum, Begründer der *Fraenckel'schen Stiftung*[28], deren umfangreiches Tätigkeitsspektrum neben finanzieller Unterstützung des jüdischen Krankenhauses ein Waisenhaus, ein Heim für verschuldete jüdische und nichtjüdische Familien und auch das berühmte Jüdisch-Theologische Seminar und dessen Bibliothek umfasste.[29] Später fand Julius Samosch als niedergelassener Praktischer Arzt sein Auskommen und fokussierte seinen beruflichen Schwerpunkt als Schularzt. Im Oktober 1904 etwa beteiligte er sich mit einem langen Diskussionsbeitrag an der Sitzung der Hygienischen Sektion der *Schlesischen Gesellschaft für Vaterländische Cultur* über die Thesen »eines der bedeutendsten Augenärzte«[30], Herman Cohn, der sich »unvergleichliche Verdienste« um die »Schulhygiene des Auges« erworben und »mühsame Untersuchungen der Sehfähigkeit an Zehntausenden von Schulkindern vorgenommen« hatte. Julius Samosch unterstützte Hermann Cohn in dessen Bemühen: Es müsse »principaliter verlangt werden, dass die Kinder über sexuelle Fragen in der Schule aufgeklärt werden, weil, wie Herr Prof. Merkel auf dem diesjährigen Naturforscher-Kongress in Breslau ausgeführt hat, jedes Kind das Recht hat, über den Bau und die Functionen seines Körpers belehrt zu werden«[31]. Bereits zuvor, 1902, war Julius Samosch als Mitglied der *Schlesischen Gesellschaft für vaterländische Cultur* beigetreten. Im Rahmen der Schriftenreihe *Der Arzt als Erzieher* veröffentlichte er 1912 das Buch *Schule und Haus; Die Notwendigkeit ihres Zusammenwirkens vom ärztlichen Standpunkt aus* als erweiterte Fassung eines Vortrages, den er in der Breslauer Ortsgruppe des *Bundes für Schulreform* zuvor gehalten hatte. Seit 1909 war Julius Samosch jahrzehntelang Mitglied der Israelitischen Kranken-Verpflegungs-Anstalt und Beerdigungsgesellschaft zu Breslau.

Man war jüdisch, weil man so geboren war[32]. Alfred Kerr beschreibt die jüdische Nachbarschaft, aus der er stammte, noch genauer:

> »*Dabei sensible Naturen, die es vielleicht nicht so schroff empfanden, wenn ein Knote ganz bieder am Versöhnungstag einem Herrn mit Gebetbuch ›Verpuchtes Judenaas!‹ nachrief; oder wenn ein Major von den ›Elfern‹ vorn auf der Straßenbahn offen erklärte: ›Wieviel schwangere Judenweiber man sieht – s' is zum Kotzen!*« *Nicht das war verletzend. Sondern wenn aufgeklärte Freunde, Wohlwollende, schonend sagten: ›Die jüdischen Herrschaften‹ – das traf. [...] Meine Eltern wollten diese Sonderung sicher nicht. Mein Vater war gegen unvornehme Juden sehr ablehnend. Und meine Mutter [...] hatte viel mehr Kernschlesisches in ihrer Art – die uns zwei Kinder durch lustige Wendungen so oft beseligt hat. [...] Die Sonderung war unnütz ... Doch ich selber habe die Herkunft von diesem Fabelvolk immer als etwas Beglückendes gefühlt, so gewiß ich von seiner Sprache nichts weiß als die für mich gewaltig schönen, für mein Weltwissen heut zweifelhaften, sechs rauhen Riesenworte: ›Schma Jisroel, Adonai Elohenu, Adonai Echod‹, ›Höre Israel: der Herr, dein Gott, der Herr ist ewig‹.*

Ja, diese dunkel-machtvollen Klänge sind für meine Welt-erkenntnis, wie sie sich von selbst versteht, nicht mehr giltig [sic!]. (Eli will nur die Wahrheit.) Sie haben jedoch ewige Geltung für meine Phantasie. Schma Jisroel ...«[33]

6 | Der Autor am Grab von Dorothea und Rosalie Samosch, Jüdischer Friedhof Lohestraße, Breslau/Wrocław 2006

Kerrs Sicht auf seine jüdischen Wurzeln beschreibt sprach-mächtig, was auch für die Familien Dambitsch und Samosch galt. Diese herablassende, ironisch gefärbte Haltung gegen-über allem tief Gläubigen, insbesondere den der Tradition verbundenen Schtetl-Juden wurde sogar noch meinem so viel später geborenen Vater in Berlin vermittelt. Die im Berliner Scheunenviertel ansässigen Juden aus Osteuropa waren ihm schlicht peinlich. Denn seine Vorfahren waren gern mit der Zeit gegangen, hatten die Welt im Umbruch begrüßt. Man war offen für die Industrialisierung. In Breslau wurde der jüdische Sohn eines Tuchhändlers, Ferdinand Lassalle, zum ersten Vor-sitzenden des *Allgemeinen Deutschen Arbeitervereinss* gewählt. Sein Grab ist bis heute auf demselben Friedhof erhalten wie die Grabstelle von Dorothea und Rosalie Samosch – auf dem alten jüdischen Friedhof von Breslau.

Fritz, Walter und Hans – Kindheit und Jugend der dritten Generation

Als der über vierzigjährige Samuel am 22. Oktober 1900 die 26-jährige Rose Dambitsch[34] auf dem Standesamt von Breslau heiratete, waren seine Eltern schon verstorben. Deshalb fungierten sein zehn Jahre jüngerer Bruder Julius und sein zukünftiger Schwiegervater Wilhelm Dambitsch[35] als Trauzeugen. Roses Eltern, Wilhelm und Theoda, sie geboren mit dem – wie es damals hieß – »Mädchennamen« Weigert, hatten sich da bereits zur Ruhe gesetzt, nachdem sie die Geschäfte ihrem ältesten Sohn Felix übergeben hatten.

7 | Hochzeit von Rose Samosch, geb. Dambitsch, und Samuel Samosch, Breslau 1900

Rose war das zweitgeborene Kind der Familie. Dem jüngeren Bruder Ludwig hatten die Eltern von 1894 bis 1897 ein Jurastudium finanziert. Wie es damals üblich war, hatte Rose eine Aussteuer entsprechend des Mittelklasse-Einkommens der Eltern bekommen. Porzellan, Glaswaren, Tischdecken aus Leinen von Königlicher Manufaktur – geschmacklich orientierte man sich am Adel. Samuel und sie waren also gut situiert, gut ausgebildet und bereit, ins Leben zu starten. Für das junge Ehepaar hieß die Stadt ihrer gemeinsamen Zukunft Wien. Man bezog eine Wohnung in der Nähe zum Schloss Schönbrunn mit seiner prächtigen Parkanlage, die seit Ende des 18. Jahrhunderts auf Geheiß von Kaiser Joseph II. für die Öffentlichkeit zugänglich war. Natürlich hofften Roses Eltern darauf, dass die Tochter bald für Nachwuchs sorgen würde. Von den Mitte bis

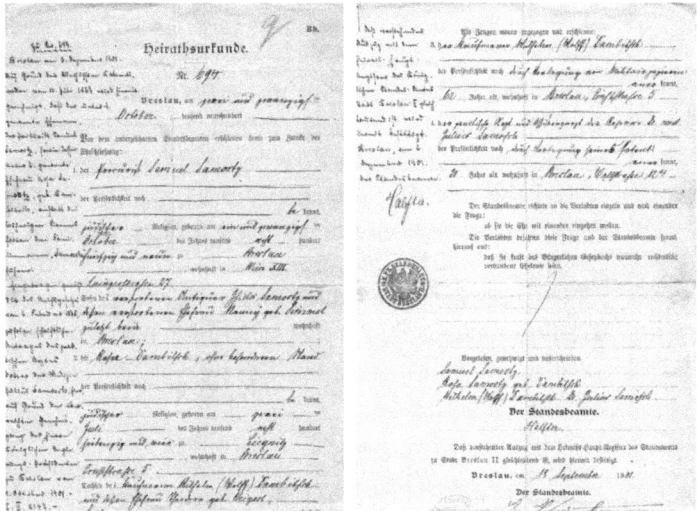

8 | *Bescheinigung der Eheschließung Samuel Samosch und Rose Samosch,
geb. Dambitsch, 18.09.1900*

Ende zwanzigjährigen Söhnen konnten sie diesbezüglich noch lange nichts erhoffen. Denn der Mann – so hielt man es damals, noch ganz den patriarchalischen Strukturen verpflichtet – musste sich eine Familie auch leisten können.

Ein Jahr nach der Eheschließung wurde der gemeinsame Sohn Fritz geboren. Die junge Familie – Vater Samuel, Mutter Rose und der kleine Fritz – lebten ganz nah am Garten des ehemaligen österreichischen Kaisers. So hatte der kleine Fritz einen großen Spielplatz. 1903 notierte der Wiener Schriftsteller, Journalist und Vater des Zionismus, Theodor Herzl, über die Kinder von Wien, die er im Schlossgarten von Palais Schwarzenbach beobachtete:

> »Es ist ein Garten, in den man vor und nach dem Leben kommt. Hier ist es so ruhig und ereignislos. Es ist ein Schauplatz von Dämmerungen; die Kleinen wissen noch nichts, die Alten wollen nichts mehr wissen, oder wenn sie auch wollten, sie sind zu müde. Denn nach vierzig oder fünfzig

> *Jahren ist man auch von den zwecklosesten Bemühungen so erschöpft, wie wenn man etwas Unvergängliches geleistet hätte. Da sitzt man also, die verrunzelten Hände auf den Stock gestützt, in die Sonne blinzelnd, solange sie noch scheint, die Spenderin, die all das Gezappel für ein Weilchen hervorlockt, und man schaut spielenden Kindern zu. Die Kinder sind schon jetzt so dumm, die Zeit totzuschlagen, als ob die nicht ohnehin allzu früh schwände. Minutenweise, stundenweise wird sie mit aller Gewalt umgebracht. Jawohl, wenn einer nur die Tage wieder hätte, die ihm nicht schnell genug vergingen. Du lieber Gott, was ließe sich daraus alles machen! Nämlich später.«[36]*

Theodor Herzl mag beim Schreiben dieser Zeilen vielleicht gespürt haben, dass ihm die Zeit bald davonlaufen würde: Ein Jahr später stellte man bei ihm ein Herzleiden fest. Herzl verstarb bald darauf an einer Lungenentzündung. Dass Herzls Zionismus dem Zeitgeist des Nationalismus entsprang, wurde und wird immer noch behauptet. Doch die Empfindungen der Juden von Wien in Bezug auf ihre Herkunft, Kultur und Religion waren auch schon zu Beginn des 20. Jahrhunderts von Sorgen und Bedrängnis gekennzeichnet und nicht von Begeisterung. Der Druck war groß, Antisemitismus allenthalben spürbar. In Wien war seit 1897 Karl Lueger Bürgermeister. Mit seiner massiv antisemitischen Hetze spielte er geschickt überwiegend katholische Proletarier gegenüber den Juden aus, die im Wiener Handel und den freien Berufen einen starken sozialen Aufstieg erlebt hatten. 1899, ein Jahr vor Roses und Samuels Heirat, hetzte er, als würde er sich direkt auf Samuels Tätigkeit mit dessen Prokura in der Hutfabrik beziehen: »[...] der weitaus größte Teil des Kapitals und speziell des Großkapitals ist in Judenhänden und die Juden üben hier einen Terrorismus aus, wie er ärger nicht gedacht werden kann.«[37]

Doch Rose und Samuel setzten nicht auf den »Zionismus«: Ganz und gar Deutschland und Österreich verbunden, waren sie bereit, zumindest für ihren Sohn, nicht nur die Abkehr vom

Judentum zu beschließen, sondern das Kind christlich taufen zu lassen. So wurde Fritz Heinrich kurz nach seiner Geburt am 9. Dezember 1901 in der Wohnung seiner Eltern in der Töpfelgasse 8[38] in Wien getauft. Samuels Chef, Hutfabrikant Johann Heinrich Ita, übernahm die Patenschaft.

9 | Hutkatalog der Firma Johann Heinrich Ita, Wien

Der bedeutende – wie man zu jener Zeit die Nähe zur Doppelmonarchie ausdrückte – k. u. k. Hutlieferant und Kammerlieferant von Erzherzog Josef wohnte selbst unweit der Wohnung seines Prokuristen[39] in einer Villa an der Linzer Straße 146 in Penzing, die Fabrik und das *Comtoir*, wie das »Kontor« vornehm auf Französisch bezeichnet wurde, befanden sich ebenfalls in der Linzer Straße, auf dem Weg sozusagen zwischen Fabrikanten und Prokurist. Der damals 51-jährige Patenonkel schenkte seinem Patenkind damit nicht nur die christliche Religion, sondern auch die evangelische Konfession. Er dürfte wohl auch den Pfarrer für die Taufe beauftragt haben. Rose und Samuel waren zwar kurz vor der Geburt ihres Sohnes aus der Israelitischen Kultusgemeinde Wien ausgetreten, doch suchten sie noch lange nicht den Anschluss an das Christentum. Sich selbst zur Taufe anzumelden, erschien ihnen erst 1908 notwendig. Fritz Heinrich sollte in der ersten Klasse offenbar nicht darunter leiden, dass seine Eltern nicht zur katholischen Mehrheit in Wien gehörten, und sich deshalb wenigstens Christen nach dem Augsburger Bekenntnis nennen wollten. Sie wechselten jedoch nicht ihre Namen und teilten sich ihren Patenonkel, den Juristen Dr. Otto Fröhlich. Dieser hatte gerade erst seine Liebe zur Kunstgeschichte entdeckt und darin auch promoviert. Seine Promotionsunterlagen von 1907 über *Marco Pittori und sein Werk* sind bis heute an der Universität Wien vorhanden. Der geborene Wiener war etwas älter als Rose und erst 1907 aus der Israelitischen Kultusgemeinde ausgetreten – somit ein frisch gebackener Christ –, bevor er für sie und ihren Mann Pate stand. Laut Unterlagen seiner Universität Wien blieb seine Religion jüdisch. Die Schatten der Shoah haben also alle Versuche der Betroffenen, zu entkommen, überdeckt. Aufgrund von »Verfolgung aus rassischen Gründen«[40] entkam er, so hat es die Universität notiert, 1938 nach London, wo er die Shoah überlebte und 1947 verstarb.

10 | *Wilhelm (Wolff) Dambitsch mit Ehefrau Theoda und ihrer Tochter Rose mit Ehemann Samuel Samosch und Sohn Fritz, Breslau 1902*

Wer konnte, rettete sich in Wien damals schon zunächst einmal in die vermeintliche Sicherheit eines Religionswechsels. Otto, Rose und Samuel konvertierten als Reaktion auf den anwachsenden Antisemitismus in der Stadt zusammen mit beinahe 6000 anderen jüdischen Wienerinnen und Wienern in jener Zeit. Für keinen sollte sich dieser Schritt als Schutz erweisen.

Der Kontakt nach Breslau sowohl zum Samosch-Zweig als auch zu den Großeltern Dambitsch wurde aber weiter regelmäßig gepflegt, wie fotografisch festgehalten ist: Man trifft sich im Garten. Der stolze Großvater – bereits mit gelichtetem Haar und graumeliertem Bart – hat das Enkelchen auf dem Schoß, der Vater mit Zwicker und Schnauzbart trägt trotz sommerlicher Temperaturen unerschrocken Stehkragen, nicht von ungefähr »Vatermörder« genannt, Mutter und Tochter ebenfalls hochgeschlossen und streng frisiert, lächeln entspannt. Getränke für alle stehen auf dem Tisch, Spielzeuge liegen dazwischen. Alle scheinen sich sicher zu fühlen.

Während sich die Wiener Familie evangelisch taufen ließ, waren die Breslauer selbstbewusst Mitglied in Deutschlands drittgrößter jüdischer Gemeinde. Zu Beginn des 20. Jahrhunderts war man dort bereits übersichtlich als Einheitsgemeinde organisiert: Es gab eine orthodoxe und eine liberale Kultuskommission mit jeweils eigenen Rabbinern, Synagogen und Schulen. Gerade hatte man ein Jüdisches Krankenhaus im Süden der Stadt eröffnet, das mit 350 Betten und sieben Fachrichtungen eines der modernsten und größten Häuser in Breslau war.

In Wien wuchs Fritz Heinrich Samosch als Einzelkind auf. Zeitlebens galt er in seiner Familie als schwächlich, insbesondere die Augen machten ihm schon seit frühester Kindheit zu schaffen.

11 | *Samuel und Fritz Samosch, ca. 1904 und 1909*

Man darf wohl sagen, dass er eine behütete Kinderzeit erleben durfte – sogar im doppelten Sinn. Vater und Sohn zeigten sich ganz als Österreicher, stolz, aufrecht, naturverbunden. Von der Kippa bis zum Gamsbarthut hatte die Familie den Weg in die Moderne angetreten. Man war in Wien zuhause, doch die Wurzeln blieben in Breslau. So erneuerte man immer wieder die preußische Staatsangehörigkeit. Die Familien Dambitsch und Samosch bildeten im Laufe der Jahre sogar eine immer stärkere Schicksalsgemeinschaft. Als 1912 der Großvater von Fritz, Wilhelm (Wolff) Dambitsch verstarb, war es Samuels Bruder Julius Samosch, der als Arzt an dessen Seite stand.

Julius Samosch hatte zu dieser Zeit schon Frau und Kinder. Er hatte am 30. September 1901 Else Fraenkel geheiratet. Auch sie stammte aus dem vertrauten Milieu, in dem sowohl die Dambitschs als auch die Samoschs zu Hause waren: belesen, gebildet, strebsam und jüdisch assimiliert.[41] Die Breslauer Samosch-Familie bekam zwei Söhne: Walter wurde 1902 geboren, Hans zwei Jahre später.

Den Wiener Fritz und den Breslauer Walter trennten zwar nur ein Jahr Altersunterschied, doch lebten sie mit Sicherheit in recht unterschiedlichen Welten: Fritz war in der K.-u.-k.-Monarchie zu Hause. Die Pracht des Schlosses Schönbrunn, noch mit dem Habsburger Hausherrn Franz Joseph I. mit seiner vielfach verklärten Ehefrau Sisi, Elisabeth von Bayern, lag von der Wohnung der Eltern nicht weit entfernt, genauso wie die damals weltweit hoch moderne Einrichtung des Zoologischen Gartens, die bis zum Ende der österreichisch-ungarischen Doppelmonarchie Privatbesitz der Kaiserlichen Familie blieb und schon zu Beginn des 20. Jahrhunderts knapp 3500 Tiere aus über 700 Arten beherbergte. Hans und Walter waren im Vergleich zu ihrem Cousin in eine etwas provinziellere Welt hineingeboren worden. Auch spielte der preußische Einfluss, diese ganze Strenge, Schnörkellosigkeit, Distanz, ja beinahe Kälte, mit Sicherheit eine Rolle in ihrem Kinderalltag in der Schlesischen Metropole. Zwar hatte bereits Wilhelm I., Großvater von Wilhelm II., 1871 die Kaiserkrone im Spiegelsaal von Versailles als Sieger von Sedan angenommen, doch war die Prachtentfaltung der Kaiserfamilie in Berlin lange nicht von derselben Eleganz und Nonchalance geprägt wie die der Österreicher.

Gemeinsam waren sowohl Österreich-Ungarn als auch Deutschland allerdings die Begeisterung für alles Nationale und Militärische in jener Zeit. Wer konnte, trug bei jeder sich bietenden Gelegenheit Uniform, sah »schmuck«, »fesch«, »drahtig« aus. Im damaligen Berlin wurde die Frage: »Ham se jedient?« zum Standardsatz der Kommunikation. Fast genauso wie die Dambitsch/Samosch-Familie über Grenzen hinweg besondere Verbindungen pflegte, bezogen sich auch die Länder, in denen sie lebten, auf politischer Ebene aufeinander. Zwischen dem Deutschen Kaiserreich und Österreich-Ungarn galt der Zweibund. Wie Golo Mann schon 1969 in seinem Werk *Deutsche Geschichte des 19. und 20. Jahrhunderts* analysierte, wurde dieser Bund schließlich zum »Schicksalsbündnis des Deutschen Reiches« und auch des Habsburger Staates. Denn am Ende sollte für beide Vertragspartner die Niederlage im Ersten Weltkrieg stehen und damit sowohl die Zerschlagung der preußisch-deutschen als auch das Ende der österreichisch-ungarischen Monarchie.

Die Jugend sowohl der beiden Breslauer als auch des jungen Wieners war aber vor allem auch geprägt von einer Zeit des Aufbruchs, der Erfindungen und der Forschung: In Breslau hatte die Elektrische Straßenbahn die Pferdebahn bis 1906 vollständig verdrängt. In den Jahren 1905, 1907 und 1908 gingen jeweils Nobelpreise für Physik, Chemie und Medizin an Söhne dieser mittlerweile drittgrößten Stadt des Deutschen Reiches. Besonders berühmt blieb bis heute Paul Ehrlich, der mit seinen Forschungen die moderne Chemotherapie begründet hatte. Aber auch Wien boomte. Der neun Jahre alte Fritz lebte bereits in einer Weltstadt mit 2,1 Millionen Einwohnern. Es gab Gas, Elektrizität, Straßenbahn, und soziale Einrichtungen für alle waren im Entstehen, obwohl man die Wohnungsnot Anfang des 20. Jahrhunderts niemals wirklich in den Griff bekam. Der Wiener Arzt Sigmund Freud gründete ein Jahr, nachdem Vater und Sohn in Wien mit Lodenhüten posiert hatten, die *Internationale Psychoanalytische Vereinigung*. So wie Rose und Samuel ihren Sohn aus der Erfahrung des verstärkten Antisemitismus in der Stadt am Ende des 19. Jahrhunderts heraus Anfang des 20. Jahrhunderts hatten taufen lassen, so hatte sich der Atheist Sigmund Freud zur gleichen Zeit wieder auf seine jüdischen Wurzeln zurückbesonnen und war der Loge *B'nai B'rith* beigetreten. Auch sah der Begründer der Psychoanalyse im Zionismus bereits einen Rettungsanker für die jüdische Minorität, obwohl er sich selbst niemals aktiv für diese Bewegung einsetzte.

Als mit dem Attentat von Sarajevo auf den österreichischen Thronfolger Franz Ferdinand und dessen Ehefrau Sophie 1914 schließlich der Erste Weltkrieg begann, ließ sich aber sogar der große Seelenarzt zunächst von der allgemeinen Kriegseuphorie mitreißen. In Deutschland und in Österreich herrschte Einigkeit bei den Vertretern der jüdischen Minderheit: Wir kämpfen als Deutsche, als Österreicher. Vielfach wurden enthusiastische Briefe von jüdischen Soldaten geschrieben, die dazu angetreten waren, ihre Vaterländer zu verteidigen:

> »[...] Aber was heißt Gefahr im Kriege! Gefahr wird zur All-
> täglichkeit, zur Gewohnheit; man achtet sie nicht, wie man
> Wunder nicht beachtet, obwohl sie täglich uns umgeben. Ge-
> fahr? ›Dem Tod entrinnt, wer ihn verachtet; doch den Ver-
> zagten holt er ein!‹ Ich bin zudem noch Radfahrer! Da holt
> er mich sicherlich nicht ein! Und selbst wenn? Ganz gewiss
> gehöre ich nicht zu denen, die Phrasen machen, denen der
> Heldentod fürs Vaterland höchster Wunsch ist. Ein Helden-
> leben ist wahrlich vorzuziehen, aber ich verachte den Tod.
> Er ist mir Pflicht, wie es das Leben ist. Er umgibt mich in
> der Pflicht für mein Vaterland, in dem Kampfe, den uns
> russische Barbarei und französische Rachegedanken auf-
> gezwungen haben [...] Wir sind verloren, wenn wir ver-
> lieren. Aber wir werden gewinnen. Als wir zum ersten Mal
> im Schrapnellfeuer lagen, da dachte mancher an Weib und
> Kind, und doch lebt in allen Soldaten der Gedanke: ›Wir
> müssen siegen!‹ Und dieser Wille treibt sie vorwärts [...]«[42].

In Breslau bei den Dambitschs tritt nur Roses Bruder Ludwig[43] in untergeordneter Position gegen den Feind an. Er dient in zweiter Linie als »Landsturmmann«, doch ganz vorn dabei ist der Vater von Walter und Hans. Dr. Julius Samosch diente als Stabsarzt. Vom Krieg schwer gezeichnet verstarb er 1920 im Alter von 51 Jahren in Breslau. In der *Berliner Klinischen Wochen-schrift* wurde der Verstorbene im Geiste jener Zeit mit Worten ehrenden Gedenkens gewürdigt:

> »Er ist in Breslau 1869 geboren, war ein Schüler des
> Elisabethhaus, dessen damals straffere Zucht nicht ohne
> Einfluss auf die Energie seiner Lebensführung geblieben ist.
> Er hat in Breslau studiert, wurde 1993 approbiert und 1894
> promoviert. Nach einer etwa zweijährigen Ausbildungszeit
> am israelitischen Krankenhaus hat er sich 1896 in Breslau

als praktischer Arzt niedergelassen. Sein besonderes Inte-
resse wandte er der Schulhygiene zu – in Bestätigung dieser
Neigung wurde er 1901 Schularzt, zuerst an Volksschulen,
dann an höheren Lehranstalten. Diese Tätigkeit veranlasste
ihn zur Herausgabe einer größeren Anzahl Schriften schul-
hygienischen Inhalts, sowohl über Organisation und Sta-
tistik als über Größe und Gewichtsverhältnisse der Kinder,
über körperliche Übungen, geistige Überbürdung, über
hygienischen Unterricht für Schüler und Lehrer u. a. m. Er
nahm die Aufgaben der Schulhygiene außerordentlich ernst
und widmete ihr vielseitige Untersuchungen. Bei Beginn des
Weltkriegs zog er wie als wackerer Patriot als Regiments-
arzt ins Feld, erkrankte 1916 an einem Herz- und Nieren-
leiden, meldete sich aber, kaum gebessert, wieder ins Feld.
1918 brach er dort vollkommen zusammen. Ein Schlaganfall
zwang ihn zur Heimkehr. Aber er erholte sich nicht mehr
dauernd und erlag seinem Leiden im Dezember 1920. Er war
Ritter des E.K. II und I.«[44]

Als dieser Abgesang auf einen »Helden« gehalten wird, waren
seine Söhne gerade 17 und 18 Jahre alt. Aber auch Cousin Fritz
in Wien hat 1918 bereits ein Elternteil verloren. Während die
Heranwachsenden auf allen Seiten der Fronten sich gegen Ende
des Krieges mehr und mehr der Gräuel der Schützengräben
bewusstwurden, erlag Rose einem Krebsleiden. Zur ärztlichen
Behandlung hatte sie sich wieder nach Deutschland begeben.
Weil Roses Bruder Ludwig in Berlin an seiner juristischen Karriere arbeitete, die Eltern und Verwandten des Mannes aber in
Breslau lebten, wählte sie Dresden, um sich behandeln zu lassen. Hier verstarb sie im Alter von nur 47 Jahren.

Zwischen Wien und Breslau
– Wege als Buchhändler

In den 1920er-Jahren gelang dennoch allen drei Halbwaisen der Weg ins Erwachsenenleben. Alle drei hatten nun die Schule abgeschlossen, von Fritz ist sogar ein Reifezeugnis erhalten, das er am k. u. k. Staatsgymnasium in Wien im achten Bezirk abgelegt hatte. Das Präfix »k. u. k.« (kaiserlich-königlich) war allerdings vom – wie es damals hieß – »Klassenvorstand« diskret durchgestrichen worden. Über den Einstieg ins Berufsleben sind bei Hans und Walter alle Unterlagen verloren gegangen. Sie dürften als Halbwaisen, denen der Familienernährer fehlte, nach Beendigung der Schule wohl unmittelbar eine kaufmännische bzw. eine Buchhändlerlehre begonnen haben. Sicher ist, dass Fritz in Wien stattdessen die *Hochschule für Welthandel* besuchte und dann noch Spanisch an der *Öffentlichen Lehranstalt für orientalische Sprachen* belegte, bevor er bei L. W. Seidel & Sohn eine Buchhändlerlehre absolvierte, wo er schließlich auch seine spätere Frau kennenlernte.

Die Wege, die die drei Cousins einschlugen, um in die Welt des Buchhandels einzutauchen, mögen verschieden verlaufen sein, doch in der Liebe zum Buch waren sie sich mit Sicherheit einig. Das Breslauer Geschäft unterdessen führte Tante Rosalie bereits in den 20er-Jahren allein, denn auch ihre Schwester Dorothea war 1921 – ein Jahr nach ihrem Bruder Julius – verstorben. Seine Witwe Else begann mehr und mehr, die Schwägerin zu unterstützen, denn Arbeit war genug vorhanden: Bezug nehmend auf die jüdische Kundschaft waren zum Beispiel Schulbücher für die 1921 gegründete Jüdische Elementarschule zu bestellen, oder für das 1923 eröffnete Jüdische Realgymnasium, genauso wie Belletristik und Sachbücher etwa für die Leserschaft der *Monatsschrift für Geschichte und Wissenschaft des Judentums*.

Die Beziehung zwischen Buchhändler und Kunde war damals eine, die oft unmittelbar – beinahe intim – mit den

Ereignissen im eigenen Leben verbunden und mit ihr gewachsen war. Der Soziologe Norbert Elias erinnerte sich im Alter an die Zeit, als er in Breslau Bar Mitzwah[45] wurde.

> »Mit dreizehn Jahren wurde man nach jüdischem Brauch aufgrund eines Rituals in der Synagoge und einer darauffolgenden Feier im Hause der Eltern in die Reihe der Erwachsenen aufgenommen. Das entsprach den sozialen Lebensbedingungen einer weit früheren Stufe der Gesellschaftsentwicklung. Die religiösen Gebräuche blieben bestehen. In der eigenen Gesellschaft war man mit dreizehn Jahren ein Schulkind und noch längst kein Erwachsener. Wenn ich zurückdenke, sehe ich mich selbst zur Zeit dieses rein formellen, aber nicht wirklichen Eintritts in die Reihe der Erwachsenen als ein Kind, als kleinen aufgeweckten Schuljungen. Ein weiter Kreis von Verwandten und Bekannten würde mir, das wusste ich, anlässlich dieser Feier etwas schenken. Die meisten, das wusste ich ebenfalls, würden in eine bekannte Breslauer Buchhandlung gehen, um nach passenden Büchern für mich Umschau zu halten. Vorsorglich ging ich also eine Woche früher zu dieser Buchhandlung und hinterließ dort den Wunsch, allen Leuten, die nach einem geeigneten Geschenk für die Bar-Mitzwah Elias' fragen würden, mitzuteilen, der junge Mann wünsche sich deutsche Klassiker in der Ausgabe des Bibliographischen Instituts. Diese Hilfe der Buchhandlung würde uns das Umtauschen von vielen Büchern ersparen. In der Tat erhielt ich dann zu den gesammelten Werken Schillers, die ich schon besaß, die gesammelten Werke Goethes, Heines, Mörikes, Eichendorffs und anderer Klassiker, in der gleichen Ausgabe.«[46]

Besonderen Schwerpunkt im Geschäftszweig des Antiquariats N. Samosch bildeten die Judaica. Denn in Breslau konnte man da auf eine besonders fachkundige Leserschaft zählen. So war dem *Jüdisch Theologischen Seminar Fraenckelscher Stiftung*[47] eine Bibliothek angegliedert, die fast 30 000 Bände enthielt. Der

Breslauer Historiker Joseph Walk betonte in einem Interview 1991 die einmalige Atmosphäre, die in der jüdischen Gemeinschaft der Stadt herrschte:

> »Breslau war die einzige jüdische Großgemeinde, die keine Außer-Orthodoxie hatte; wir waren in einer Einheitsgemeinde vereinigt. Es konnte wohl nur in Breslau passieren, dass man am Sabbat-Nachmittag auf der Breslauer Promenade drei Rabbiner zusammen spazieren gesehen hatte: in der Mitte ging der Rabbiner des Theologischen Seminars und fungierte als Vermittler. Neben ihm rechts spazierte der orthodoxe Rabbiner, links der liberale. Sie unterhielten sich einträchtig miteinander, diskutierten heftig, aber sie gingen miteinander. Diese Situation wäre zum Beispiel in Frankfurt am Main unvorstellbar.«[48]

Sowohl die Lehrenden als auch die Lernenden hatten nur einen kurzen Fußweg zurückzulegen, um, vom Studium in der Bibliothek inspiriert, in der Kupferschmiedestraße 13 nach jüdisch bibliophilen Schätzen zu stöbern. Rosalie und Else hatten ihr Auskommen, ohne Reichtum zu erlangen und ohne Walter und Hans unterstützen zu können.

Anders als seine deutschen Vettern war Fritz finanziell viel besser aufgestellt. Sein Vater war stets in der Lage gewesen, seinem Sohn während dessen Ausbildungszeit unter die Arme zu greifen, wenn es vonnöten war. So konnte Fritz in Wien bereits 1923 seine um ein Jahr ältere Kollegin, die geborene Wienerin Josephine Schöber[49], heiraten. Josephine, genannt Fini, war zusammen mit ihrem Bruder unehelich geboren und von der Mutter allein großgezogen worden. Für Fritz wechselte sie ihre Konfession von römisch-katholisch hin zu evangelisch. Deshalb heirateten die beiden schließlich in der Kirche, in der Fritz bereits getauft worden war.

Die Eheschließung fand in dem bescheidenen Gemeindesaal der Evangelischen Pfarrgemeinde nach dem Augsburger

12 | *Fritz Samosch und Ehefrau*
Josefine, Wien, 1923

13 | *Josefine »Fini« und Fritz Samosch*
in Wien, Hintzerstraße, etwa 1928

Bekenntnis in der Wiener Schiebengasse statt. Geistlicher war
der Siebenbürger Sachse Pfarrer Julius Antonius. Als Trauzeugen fungierten der Bruder der Braut, Anton Schöber, seines
Zeichens Oberkellner, und als Vertreter der seit Jahrzehnten
mit den Samoschs befreundeten Familie Fröhlich war dieses
Mal Ottos Sohn, der Student Hans Maximilian zugegen.

Eigentlich war es damals üblich, dass eine Frau nach ihrer
Heirat aufhörte zu arbeiten. Doch Fritz und Fini entschieden
anders: Fritz hatte seine Lehrfirma *L. W. Seidel* 1922 auf eigenen Wunsch verlassen, weil er – so begründete man sein
Ausscheiden aus der Firma im Arbeitszeugnis – in Italien
arbeiten wollte. Nun ein Jahr später war er vielleicht gerade
von dort zurückgekommen, wohnte zunächst einmal wieder
bei seinem Vater und wollte seine Beziehung zu Fini legali-
sieren, um bei ihr einziehen zu können. Doch das ist nur eine
mögliche Erklärung für das Handeln der Beiden. Aus alten
Arbeitszeugnissen[50] geht jedenfalls hervor, dass Fini von
1915 bis 1927 ununterbrochen vor allem als Kassiererin bei

der *Seidelschen Sortimentsbuchhandlung* tätig gewesen ist. 1927 übernahm Dr. Richard Marx als führender Gesellschafter neben seiner Tätigkeit in der eigenen Firma die Geschicke des Unternehmens und entließ sie »infolge der durch die Zeitverhältnisse bedingten Notwendigkeit der Einschränkung des Personals«. 1929 bis 1932 arbeitete sie dann noch für den legendären *Kunstverlag Wolfrum*, der bis heute in Wien in der Augustinergasse 10 zu finden ist. Auch bei Wolfrum kündigte man ihr schließlich »aufgrund von Restringierung unseres Personals«[51].

Ob Fritz auch noch 1923 – wie in seinem Zeugnis der Lehrfirma angedeutet – in Italien arbeitete oder dann doch einer Tätigkeit in Wien nachging, ist nicht mehr nachvollziehbar. Ab 1. August 1924 jedenfalls nahm er die Arbeit als Verlagsleiter beim *Kunstverlag Wolfrum* an, blieb dort aber nur drei Monate, weil er sich dann doch dazu entschied, seiner eigentlichen Berufung zu folgen und wieder als Buchhändler zu arbeiten. Insgesamt drei Jahre lang blieb er deshalb als Gehilfe in der Sortimentsabteilung in der ehemaligen *k. u. k. Hofbuchhandlung Moritz Perles* beschäftigt. Diese Firma sollte 1938 von dem berüchtigten »Ariseur« Johann Katzler ausgeräumt werden. Perles »gelang es, gemeinsam mit seiner Frau Hedwig am 12. August 1939 aus Österreich zu flüchten; er wanderte über England mit Protektion von James Joyce in die USA aus [...]«.[52] Auch Fritz begann in dieser Zeit offenbar internationale Kontakte zu pflegen, wovon ein Schriftstück erhalten ist: Von seiner Privatadresse aus hatte er 1927 Kontakt zu dem skandalumwitterten Schriftsteller Frank Harris aufgenommen, offenbar, um dessen in England und den USA verbotenes Werk *My Life and Loves* für Wiener Kunden zu bestellen.

Obwohl Fini und er die bedrückenden wirtschaftlichen Folgen des Ersten Weltkrieges und die Probleme durch den Zerfall der Monarchie hautnah durch mehrmaligen Arbeitsplatzverlust zu spüren bekamen, gehörten sie zweifellos auch zu denjenigen, die den Aufbruch in Kunst und Kultur nach dem

Ende des Kaiserreichs in vollen Zügen genossen. Beide fassten beruflich auch immer wieder Tritt und stützten sich gegenseitig. So konnte sich Fritz als junger Buchhändler sogar unter den schwierigen Gegebenheiten der Zeit beruflich immer weiterentwickeln. Ab Dezember 1927 bis 1932 begann er bei der Bukum A. G. zu arbeiten, wo er bald nicht nur als Sortimentsgehilfe tätig war, die Buchbestellungen verantwortete und die Schaufenster gestaltete. Nach und nach übertrug man ihm innerhalb des Unternehmens immer mehr Verantwortung, sodass er schließlich Sortiment, Lagerverwaltung und Einkauf leitete. Bukum, das bedeutete »Buch, Kunst, Musikalien«, war ein Jahr vor dem Tod des Buchhandlungsgründers Hugo Heller 1922 entstanden. Dieser Wiener Buchhändler, Journalist, Verleger und Inhaber einer Konzertdirektion hatte zum engeren Kreis um Sigmund Freud gehört und war eine legendäre Kulturgröße Wiens[53] gewesen. Im Schaufenster seiner Buchhandlung hatte er noch zwei Jahre vor seinem Tod ein Exemplar des damals hoch umstrittenen Bühnenwerks von Arthur Schnitzlers *Reigen* ausgestellt, woraufhin man ihm die Fensterscheibe eingeschlagen hatte.

Fritz und Fini wurden in den fünf Jahren, in denen Fritz bei Bukum arbeitete, bis kurz vor dem Konkurs des Unternehmens, zweifellos zum integralen Bestandteil dieser innovativen Buchhandelsszene. Sie identifizierten sich nicht nur mit vielen neuen Gedanken jener Zeit, sondern entdeckten auch die Ästhetik der Moderne für sich. Für ihren Nachmittagstee kauften sie sich ein für ihre Zeit avantgardistisches Service vom Mitbegründer der Wiener Werkstätten, Josef Hoffmann. Ganz in Weiß, die Formen Jugendstil, gefertigt von der Manufaktur Augarten. Roses handgemaltes, goldverziertes tschechisches Porzellan blieb im Schrank, gehörte – für die jungen Leute – einer ästhetisch untergegangenen Ära an. Als beide schließlich fliehen mussten, hütete Finis Bruder Anton den Schatz aus den wunderbaren Aufbruchsjahren. Das Teeservice überlebte die Bomben auf Wien, vergraben in einem Vorgarten.

14 | *Josefine »Fini« und Fritz Samosch (Bildmitte oben)*
bei einem Familientreffen mit Marianne Dambitsch
und ihren sechs Kindern, Potsdam, etwa 1929

Obwohl Fini und Fritz in Wien so nah am aufregenden Literatur-
betrieb teilnehmen konnten, hielten sie auch weiterhin Kontakt
zur Breslauer und mittlerweile auch angewachsenen Berliner
Verwandtschaft. Von mütterlicher Seite trafen sie in Breslau
regelmäßig die Familie des Onkels von Fritz, Felix Dambitsch[54].
Dessen Sohn Werner wurde in der Neuen Synagoge, die im
19. Jahrhundert für stolze 2000 Gottesdienstbesucher konzipiert
worden war, Bar-Mitzwah. In Berlin besuchte das Wiener Paar
regelmäßig Onkel Ludwig und dessen Familie: Ludwig Dambitsch hatte sich zu Beginn seines Jurastudiums evangelisch taufen lassen, hatte sich dann, bereits als Richter tätig, in eine Witwe
mit vier Kindern verliebt, die glühend nach römisch-katholi-
scher Konfession glaubte. Ludwig wechselte deshalb kurzerhand
noch einmal den Glauben. Zu den vier Kindern der Witwe waren
dann noch zwei eigene Kinder hinzugekommen. Nesthäkchen
Wilhelm war erst 1926 auf die Welt gekommen.

Natürlich standen sich die Cousins Samosch nicht nur
altersmäßig, sondern auch durch die gleiche Berufswahl viel
näher als sich die Verbindung zu den Abkömmlingen des

Dambitsch-Familienzweigs je hätte entwickeln können. Alle drei erlebten in ihrem Metier hautnah mit, wie etwa 1924 Thomas Manns *Zauberberg* in die Buchhandlungen kam und vom Publikum sofort begeistert aufgenommen wurde, wie sich dann der alte Gerhart Hauptmann beschwerte, weil er sich in dem trunksüchtigen, anti-intellektuell eingestellten Lebemann in Manns Roman wiedererkannte, sodass sich der Nobelpreisträger von 1929 entschuldigen musste. Fritz, Walter und Hans werden auch gemeinsam die zunehmende Popularität von Erich Kästner verfolgt haben, der 1928 mit *Herz auf Taille* seinen ersten Gedichtband veröffentlichte und dann mit seinem ersten Kinderbuch *Emil und die Detektive* 1929 die Kinderliteratur der Zeit in die Moderne manövrierte. Alfred Döblin, Kurt Tucholsky, Erich Maria Remarque, Mascha Kaléko und Vicky Baum – so hießen die Gegenwartsautoren der jungen Buchhändler, die diese ihren Kunden weiterempfahlen.

Aber die Cousins wurden eben auch Zeuge davon, wie Adolf Hitlers Propagandaschrift *Mein Kampf*, dessen erster Band nach dem gescheiterten Putsch gegen die Weimarer Republik von 1923 in Haft entstanden war, ab seinem Erscheinungsjahr 1925 in den Folgejahren dann überall im deutschsprachigen Raum zum viel diskutierten Bestseller wurde.

Als mit dem Börsencrash von 1929 schließlich die Weltwirtschaftskrise begann, waren überall auf der Welt Demokratien in Gefahr. Doch in Deutschland war der Boden für alle katastrophalen Fehlentscheidungen, die noch folgen sollten, schon bestens bereitet. Es war Walter Samosch, der am entschiedensten auf den anschwellenden Nationalismus und Antisemitismus reagierte, indem er in Breslau dem Herzl-Club beitrat. Die Herzl-Clubs waren im Herzl-Bund vereinigt und bestanden seit 1912. Diese zionistische Jugendorganisation war in Halberstadt von jungen Kaufleuten gegründet worden, um sich über die »großen Themen« jüdischer Identität im 20. Jahrhundert auszutauschen. Als schriftliche Grundlage für diesen Austausch fungierten die *Herzl-Bund-Blätter*. Anne Weberling[55] hat in ihrer Arbeit

Zionistische Debatten im Kontext des Ersten Weltkriegs am Beispiel der Herzl-Bund-Blätter 1914–1918[56] drei große Themenkomplexe ausgemacht: 1. deutsch-jüdischer Nationalismus versus jüdische Nationalbewegung, 2. Antisemitismus und 3. Die Begegnung mit osteuropäischen Jüd:innen.[57]

Angesichts der alltäglichen Probleme des Lebens fanden die meisten Breslauer Gemeindemitglieder diese Themen für ihr eigenes Fortkommen aber wohl wenig hilfreich. Denn dieser Club bestand in Breslau zu Walters Zeiten nur aus acht Mitgliedern. »Diese kleine Zahl war nicht verwunderlich, bestand doch die zionistische Ortsgruppe in Breslau um jene Zeit aus etwa 120 Juden bei einer Gemeinde von 18–20 000 Seelen.«[58] Nach Berlin und Frankfurt am Main war Breslau damals die drittgrößte jüdische Gemeinde im Deutschen Reich.

Walter blieb jedoch konsequent bei der Sache. So taucht sein Name immer wieder in der *Jüdischen Zeitung* des Jahrgangs 1932 in Breslau als Ansprechpartner für Interessenten an Hebräischkursen, Informationsabenden über Zionistenkongresse und Vorträge auf. Er handelte folgerichtig entsprechend der Analyse von Anne Weberling, die sich in ihrer Arbeit auf die Bedeutung der Erfahrung des Ersten Weltkriegs für den Zionismus in der zweiten Generation bezieht. Weberlings Fazit lautet:

> »Eine gewisse Radikalisierung, die in der Forschung als Übergang von der ersten zur zweiten Zionist_innengeneration beschrieben wurde, lässt sich ihren Inhalten nach auch für den Herzl-Bund festmachen. Der Erste Weltkrieg als epochales, umstürzlerisches Ereignis generell samt seiner politischen Folgen (Balfour-Deklaration, Pariser Friedenskonferenz) und insbesondere die drei in der Arbeit betrachteten Aspekte weisen rückblickend eine für den Zionismus »katalysierende Wirkung« auf, die sich auf der Makro- wie auf der Ebene des Herzl-Bundes in Pragmatismus und Palästinazentrismus niederschlug. Für die Verfechter einer verstärkten Außenarbeit, die sich im Herzl-Bund durchsetzen sollten, waren

> *die Idee der Tat und der Pragmatismus, gerade als Reaktion*
> *auf das durch den Krieg neubestimmte Tempo zionisti-*
> *scher Arbeit, immer auch Teil der Legitimation der eigenen*
> *Arbeit.«*[59]

Vom Alter her bereits zur dritten Zionistengeneration ge-
hörig, blieb Walter als weiterer Schritt in dieser Richtung nur
übrig, Deutschland zu verlassen, um in Palästina zu helfen,
das Land mitaufzubauen. 1933 ging der 21-Jährige deshalb in
Triest schließlich an Bord der *Martha Washington.* Das Dampf-
schiff war 1907 in Schottland gebaut worden und hatte schon
einiges hinter sich, als der junge Breslauer auf ihm und mit
seinem Touristenvisum für Palästina in der Tasche zuerst
an der Adria entlang das Mittelmeer überquerte. Im Ersten
Weltkrieg hatte die US-Armee das Schiff als Truppentrans-
porter requiriert.

US-Soldaten waren damit nach Frankreich gelangt, polni-
sche und armenische Flüchtlinge waren von der Schwarzmeer-
küste ins rettende Konstantinopel gebracht worden. Insgesamt
hatte die *Martha Washington* bereits über 24 000 militärische
und zivile Passagiere verschifft, bevor sie nun wieder unter
dem ehemaligen italienischen Eigner fuhr und Walter schließlich in den Hafen nach Erez Israel brachte, wo er den Vornamen
Zeev annahm. Auch das Schiff selbst war kurzfristig noch auf
Tel Aviv umgetauft worden, wurde aber dann nach einem Brand
auf einer Werft in Triest Anfang 1934 endgültig abgewrackt.

Hans und Fritz kämpften währenddessen in Breslau
und Wien jeder auf seine eigene Weise mit existenziellen
Problemen infolge der Wirtschaftskrise. Die Spuren von
Hans Samosch sind dabei im Rückblick nicht mehr ganz
eindeutig nachzuzeichnen. Teilweise wird über ihn geschrieben, er habe schon Ende der 20er-Jahre die Geschäfts-
führung von *Antiquariat und Buchhandlung N. Samosch* in
Breslau übernommen, doch gibt es auch Unterlagen, die auf
eine Anstellung von Hans im Leipzig der frühen 30er-Jahre
bei *Verlag und Buchhandlung Gustav Fock G. m. b. H.* deuten.

Beide Versionen sind letztendlich stimmig miteinander in Beziehung zu setzen: Denn das Testament[60] von Rosalie Samosch, wonach diese als Erben von *N. Samosch – Sämtliche Bücher* ihre drei Neffen bestimmte, datiert auf 1930. Nach dem Tod ihrer Schwester Dorothea wurde sie bei den alltäglich anfallenden Arbeiten in der Buchhandlung zwar vor allem von ihrer Schwägerin Else, der Mutter von Hans und Walter, unterstützt, doch mit Blick auf alle Planungen und gewichtigen Geschäftsentscheidungen wird sie mit Sicherheit auch auf den Rat ihrer fachkundigen Neffen zurückgegriffen haben, die zu gleichen Teilen Antiquariat und Buchhandlung erben sollten. Betrachtet man dazu das Arbeitsgebiet von *Verlag und Buchhandlung Gustav Fock G. m. b. H.* Anfang der 30er-Jahre genauer, erkennt man deutlich gemeinsame Interessen. Die Historikerin Barbara Kowalzik schreibt in ihrer Arbeit über *Jüdisches Erwerbsleben in der inneren Nordvorstadt Leipzig 1900–1933*:

> *»Langjähriger Geschäftsführer der Gustav Fock G. m. b. H. – sie bestand seit 1879 – war bis Anfang der dreißiger-Jahre der Jude Dr. Ing. h.c. Leo Jolowicz (geb. 1868 in Posen, gest. 1940 in Leipzig). Schon 1887 wurde er bei Fock angestellt und baute über drei Jahrzehnte vor allem das Antiquariat der Gustav Fock G.m.b.H. zu einer international angesehenen Instituton aus. Zum Profil dieser Antiquariats- und Verlagsbuchhandlung gehörten neben naturwissenschaftlichen Schriften auch Hebraica und Judaica.«*[61]

Hans Samosch vervollständigte also bei dem Gründer der *Akademischen Verlagsgesellschaft G. m. b. H.*, Leo Jolowicz, sein Wissen. Sei es als Angestellter, Praktikant oder bereits junger Geschäftsführer für seine Tante – Hans Samosch lernte bei dem 38 Jahre älteren Jolowicz, weil dieser unter dem Firmennamen *Gustav Fock* sein Geschäft zum größten und bekanntesten wissenschaftlichen Antiquariat in Deutschland aufgebaut hatte.[62]

Später, nach der Machtübernahme der Nationalsozialisten, sollte Leo Jolowicz aufgrund seiner jüdischen Herkunft sein Lebenswerk genauso verlieren wie auch Hans, Walter und Fritz ihr Erbe gestohlen wurde: Jolowicz wurde schrittweise aus der Firma gedrängt, verließ 1937 den Verlag, versuchte die Ausreise 1939 und verstarb 1940.[63] Es könnte Selbstmord gewesen sein, denn zu diesem Zeitpunkt wusste er darum, dass Sohn und Schwiegersohn schon in die Mühlen des NS-Regimes geraten waren: Der NS-Terror hatte 1938 zur Inhaftierung der beiden ins Konzentrationslager geführt, dann war ihnen allerdings die Flucht gelungen, sodass sie über Russland, Japan und andere Länder bis nach New York gelangt waren. Entsprechend ihrer Kenntnisse waren sie ihrem Metier treu geblieben und hatten dort den Verlag *Academic Press* gegründet. Dieses glückliche Entkommen seiner Familienangehörigen hätte sich Leo Jolowicz zum Zeitpunkt seines Todes wohl selbst in seinen kühnsten Träumen nicht erhoffen können.

Im Hinblick auf die Fluchtgeschichte von Hans Samosch findet sich in der Verbindung zur *Gustav Fock G. m. b. H.* noch ein Hinweis, der bereits in Richtung Niederlande als Exilland für Hans und die Seinen weist. In den 30er-Jahren lernte der Niederländer M. D. Frank genau wie Hans von dem enormen Knowhow bei der *Gustav Fock G. m. b. H.* Er sollte in seinem Heimatland ab 1931 den Verlag *North Holland Publishing Company*, später den *Elsevier Verlag* aufbauen.[64]

Während Hans sich in Deutschland mehr oder weniger darauf vorbereitete, Antiquariat und Buchhandlung *N. Samosch – Sämtliche Bücher* als Geschäftsführer zu übernehmen, blieben Fritz und Fini ihrer Heimatstadt Wien in allen Höhen und Tiefen verbunden. Ein Zeugnis des *Kunstverlages Wolfrum*[65] in Wien verrät, dass Fini häufig als Kassiererin eingesetzt wurde und auf diesem Posten das Vertrauen aller genoss. Doch das alles half nichts, denn als 1932 die letzten Landtagswahlen im Bundesland Wien abgehalten wurden und die Sozialdemokratische Arbeiterpartei noch einmal die absolute Mehrheit bekam, obwohl die NSDAP schon mächtig zugelegt hatte, wurden beide arbeitslos: Fritz entließ man im Juni des Jahres aufgrund der »schlechten Wirtschaftsverhältnisse«, Josefine traf es im Dezember. Wovon das Ehepaar in den folgenden Jahren gelebt hat, ist nicht mehr nachzuvollziehen. Fest steht, dass die beiden Wien nicht verließen und sogar ihre Wohnung behalten konnten. Vielleicht unterstützte Vater Samuel sein einziges Kind, vielleicht hatte Fritz Rücklagen aus dem Erbe seiner Mutter, oder er fand als selbständiger Buchhändler Kunden. Fini, als uneheliches Kind geboren und in ihrer Jugend sicher auch nicht – wie es so schön hieß – »auf Rosen gebettet«, könnte durch Gelegenheitsjobs als Sekretärin zur Ernährerin von Beiden geworden sein.

15 | *Josefine Samosch und Kollegen in der Buchhandlung, Wien, 1930*

Als Tante Rosalie schließlich am 28. Dezember 1934 auf dem Alten Jüdischen Friedhof in der Lohestraße von Breslau beerdigt wird, scheint es jedenfalls abgemacht, dass Hans ihre Nachfolge antritt. Im Januar 1935 widmet Hans seinem Cousin jedenfalls einen Sonderdruck aus der Festschrift zum 50-jährigen Bestehen der *Buchhandlung Gustav Fock G. m. b. H.* »Aus Wissenschaft und Antiquariat«[66], Leipzig 1929.

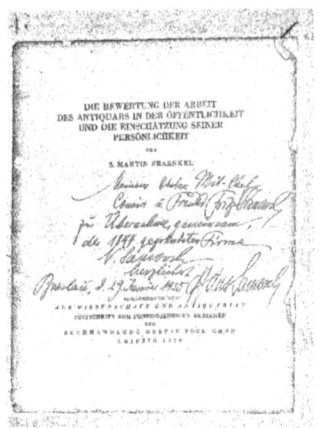

16 | *Widmung auf Vorsatz vom 29.01.1935*

Es ist ein Aufsatz von Siegbert Martin Fraenkel, einem Berliner Antiquar und Auktionator, der sich sporadisch als Verleger betätigte. Fraenkel, ausgesprochen rührig, gehörte jahrelang zur 1905 gegründeten Gesellschaft des *Berliner Bibliophilen-Abend*, engagierte sich im *Börsenverein des Deutschen Buchhandels* in der Organisation von Buchexport und Auslandsbuchhandel und verfügte genau wie *Antiquariat und Buchhandlung N. Samosch* in Breslau im Kleinen in Berlin sozusagen im Großen über ein ansehnliches Lager an Judaica, wie der erhalten gebliebene Katalog von 1928[67] belegt, in dem unter anderem »eine große Moses-Mendelssohn-Sammlung« Erwähnung findet. Firmierend unter *S. Martin Fraenkel – Fachunternehmen für Buch- und Kunstversteigerungen* hatte sein Antiquariat Mitte der 20er-Jahre dem jungen verheirateten Herbert Marcuse eine erste Anstellung geboten. Der junge Marcuse musste sich nicht mit dem kaufmännischen Teil des Antiquariats befassen, sondern durfte Literaturrecherche betreiben. 1940 geriet Siegbert Martin Fraenkel in die Fänge der Nationalsozialisten, wurde im Konzentrationslager Sachsenhausen inhaftiert und ein Jahr später in der Tötungsanstalt Sonnenstein bei Pirna ermordet. Ende der 20er-Jahre beschrieb Fraenkel seinen Blick auf die Probleme eines Antiquars noch im Kreise einer alteingesessenen jüdisch-deutschen Buchhändlerszene, die sich mit großer Selbstverständlichkeit als Bewahrer deutschsprachiger Buchkunst und jüdischer Gelehrsamkeit innerhalb dieser Buchkunst verstand.

> »Wenn die Tätigkeit des Antiquars der des Bibliothekars ähnelt, so geht sie vielfach über dessen Arbeitsbereich noch wesentlich hinaus. Beide Berufe haben Bücherbestände zu betreuen, für ihre sachgemäße Katalogisierung und Aufbewahrung zu sorgen und sie der Auswertung bzw. Benutzung zuzuführen. Wenn aber mit dem Büchereinkauf die Tätigkeit des Bibliothekars vielfach abgeschlossen ist, so fängt die des Antiquars erst an, denn seine Sorge ist es nicht nur, woher er die Sachen beschafft, sondern auch wie er sie wieder absetzt. Das ist besonders schwierig bei den heute so knappen Barkapitalien im Hinblick auf die noch großenteils tot daliegenden Antiquariatslager. Es handelt sich hier also im wahrsten Sinne des Wortes bei einer Beherrschung des Berufes um eine volle Kombination der als wissenschaftlich anerkannten Tätigkeit des Bibliothekars mit einer rein kaufmännischen Leistung. Dass sich die Kenntnis der Bedeutung dieses Berufes noch nicht durchgesetzt hat, verdankt er vor allem der geringen Zahl derer, die ihn vollendet ausüben. Wie die meisten Leute eine gänzlich falsche Vorstellung von der Tätigkeit mancher nur gering vertretenen Berufe haben – ich erinnere als Schulbeispiel nur an den Hasenhaarschneider – so steht man auch dem Antiquariat gegenüber: Nur ganz geringe Ansätze der wirklichen Bewertung der Arbeit des Antiquars, weitverbreitet dagegen mangelhaftes Verständnis für die Probleme seiner Tätigkeit.«[68]

Dieser Aufsatz scheint Hans und Fritz – vielleicht haben sie Walter ebenfalls ein Exemplar des Sonderdrucks ins ferne Palästina zukommen lassen – aus dem Herzen gesprochen zu haben. Denn Fraenkel erwähnt in seiner Schrift über »Die

Bewertung der Arbeit des Antiquars in der Öffentlichkeit und die Einschätzung seiner Persönlichkeit« eben auch, dass noch keiner der Antiquare in Deutschland – er bezieht sich hier auf den Zeitraum von 1900 bis zu seiner Veröffentlichung – ein »reicher Mann«[69] geworden sei. Stattdessen würden »gewisse Kreise im Umgange mit alten Büchern etwas Körper und Seele Beschmutzendes sehen; der Begriff des Trödelladens entsteht unwillkürlich in ihrer durch kein Wissen beeinträchtigten Vorstellung.«[70] In diesem Sinne dürfte die Widmung von Hans an seinen in Wien wahrscheinlich freiberuflich arbeitenden Cousin auch an dessen Verantwortungs- und Mitgefühl appelliert haben: »Meinem lieben Mit-Chef, Cousin und Freund zur Übernahme, gemeinsam, der 1844 gegründeten Firma N. Samosch, herzlichst Hans Samosch.«[71]

17 | Hans Samosch und Rosa Samosch-Bial vor Antiquariat
und Buchhandlung N. Samosch, Breslau, 1935

Antiquariat und Buchhandlung N. Samosch hatte damit nun zwei Teilhaber: Fritz und Walter, sowie mit einem Mal auch zwei Inhaber: Im *Breslauer Jüdischen Gemeindeblatt* stellen sich Rosa Samosch-Bial und Hans Samosch als Inhaber der Firma *N. Samosch – Buchhandlung und Antiquariat* vor. »Verlobte« – so erklären sie mit Rücksicht auf die Moralvorstellungen der Zeit nehmend, ihren Kunden die neue Konstellation. Alles sollte schließlich seine Ordnung haben, denn Hans' Tante Rosalie hatte in Breslau als Buchhändlerin einen Ruf: »Zum Gedächtnis« wurden in einem Nachruf der *Central-Verein-Zeitung* ihre Leistungen gewürdigt:

> »*Kurz vor Erreichung des 80. Lebensjahres ist die Inhaberin der Buchhandlung N. Samosch in Breslau, Frau Rosalie Samosch, nachts sanft entschlafen. Noch an ihrem letzten Lebenstage war sie in der Buchhandlung tätig, die sich seit fast einem Jahrhundert im Familienbesitz befindet. Sie und ihre im Tod vorangegangene Schwester Dorothea waren in Breslauer jüdischen Kreisen, aber darüber hinaus bei allen Bücherfreunden Breslaus allgemein bekannt. Beide Schwestern verstanden es nicht nur, jeden Käufer gewissenhaft und zuverlässig zu beraten, sondern sie hatten auch die Gabe, durch ihr schlichtes und aufrichtiges Wesen die Zuneigung der Menschen zu gewinnen. Mancher holte sich bei ihnen nicht nur in Bücherfragen Rat und Hilfe. Nach dem Tode von Dorothea Samosch übernahm ihre Schwester Rosalie die Gesamtleitung der Buchhandlung, die sie bis in die letzten Lebenstage mit erstaunlicher Frische und Tatkraft durchführte. Rosalie Samosch war eine treue Freundin des C.V.*«[72]

Shoah und Krieg

Entrechtung

Rosa und Hans heirateten schließlich am 29. November 1936 in der Wochentagssynagoge der Neuen Synagoge in Breslau. Diese stand in unmittelbarer Nähe zu dem liberal orientierten jüdischen Gotteshaus, das das zweitgrößte in ganz Deutschland war und im Jahr der Trauung von Rosa und Hans noch renoviert wurde, um dann bei den Novemberpogromen zwei Jahre später zerstört zu werden. Die Historikerin Katharina Fridla fasst in ihrer Studie *Juden in Breslau/Wrocław 1933–1949 – Überlebensstrategien, Selbstbehauptung und Verfolgungserfahrungen* von 2015 zusammen, wie die Breslauer Juden auf den Beginn des NS-Regimes 1933 reagierten:

> *»Die jüdischen Breslauer versuchten nach den ersten Erschütterungen jeder auf seine eigene Art und seiner persönlichen Situation entsprechend, nach individueller Einstellung und Überzeugung, Widerstandskraft und Anpassungsvermögen, mit der Situation fertig zu werden. [...] Eine Passage aus den Erinnerungen von Wolfgang Hadda verdeutlicht die Hoffnung und Verzweiflung im Alltag der jüdischen Breslauer: Der Großteil der Breslauer Juden versuchte sich einzubilden, dass nach wie vor fast alles seinen Gang ging, zwar mit Einschränkungen hier und da, zugegeben. Doch fast immer nach solchen, die sich ertragen ließen. Abgesehen von einigen Schwarzsehern, die man am liebsten schnitt, beherzigte man jetzt beinahe allgemein den erst kürzlich geäußerten Ratschlag Dr. Vogelsteins, des lebensklugen Rabbiners der liberalen Gemeinde: ›Machen wir uns nichts vor! Wollen wir Juden in Deutschland existenzfähig bleiben, müssen wir uns für die zunehmend rüde Zeit 'ne Elefantenhaut zulegen können‹.«*[73]

Doch 1935 hatten die Nazis mit den *Nürnberger Gesetzen*[74] ihre antisemitische und rassistische Ideologie auf eine juristische Grundlage gestellt. Deshalb häuften sich auf der Seite des *Breslauer Jüdischen Gemeindeblatts*, auf der Rosa und Hans ihre Trauung bekanntgaben, bereits die Hinweise auf immer mehr auswanderungsbestrebte Gemeindemitglieder. Da werden Sprachkurse angeboten, ein Sesselhaus preist eine praktisch mitzunehmende Doppelcouch an, ein anderes Geschäft wirbt für seine Haushaltswaren.

Auch Hans wird zusammen mit Rosa bereits zu dieser Zeit ausgelotet haben, wie man als Inhaber eines Geschäfts, das aufs Engste mit der deutschen Sprache und Kultur verbunden ist, eine Existenz auch außerhalb Deutschlands aufbauen könnte. Er wird viel hin und her überlegt haben. Von 1936 datiert ein Empfehlungsschreiben, das der Berliner Künstler und Radierer und überzeugte Zionist Hermann Struck[75] – zu diesem Zeitpunkt bereits seit Jahren in Haifa ansässig – für seinen Freund Hans Samosch in deutscher Sprache getippt und in hebräischer Sprache mit der Hand geschrieben hat. Zu dieser Zeit waren alle Juden in Deutschland schon ihrer Bürgerrechte beraubt worden. Im März des Jahres hatte die NSDAP offizielle 98,8 % der »arischen« Stimmen auf sich vereinigen können. Es liegt durchaus im Bereich des Möglichen, dass Hans angesichts dieser Situation versuchte, einige wertvolle Inkunabeln und Judaica ins Ausland zu schaffen, vielleicht auch, um dort ein neues Geschäft aufzubauen. In diesem Zusammenhang darf man jedoch nicht unterschätzen, wie stark bereits der Druck und die daraus resultierende Angst – ausgehend vom nationalsozialistischen Terrorapparat – insbesondere auf allen jüdischen Menschen jener Zeit lasteten. Denn für alle, die unter die sogenannten *Nürnberger Gesetze* fielen, wurden die Zustände immer unhaltbarer. Im Familienkreis der Samoschs/ Dambitschs war schon lange vieles desolat.

Es ist anzunehmen, dass Fritz seinen Cousins davon erzählt hatte, dass der Bruder seiner Mutter, Ludwig Dambitsch, bereits seit 1933 in Berlin mit der Einführung des sogenannten

»Arierparagraphen«[76] aus dem Richteramt entfernt worden war, dass das von ihm verfasste juristische Werk *Die Verfassung des Deutschen Reichs*[77] von 1910 infolge der Bücherverbrennung vernichtet worden war, wie sehr er sich um seine zum Teil minderjährigen Kinder sorgte. Weil Ludwigs Frau nicht jüdisch war, aber auch in erster Ehe einen Juden geheiratet hatte, galten nun alle Kinder als »Mischlinge ersten Grades«. Der Sechzigjährige litt deshalb nun zunehmend unter Herzbeschwerden und Schlaflosigkeit, saß tagsüber im Café Josty am Potsdamer Platz in Berlin, weil sein zehnjähriger Sohn Wilhelm nichts von der Misere des Vaters ahnen sollte. Er konnte seinen Jungen nicht lange schützen. Wilhelm war elf Jahre alt, als er den Vater durch »Herzschlag« verlor. Fritz hatte die Familie, solange es ging, alljährlich besucht. Doch 1937 verstarb im Frühjahr des Jahres nicht nur sein Onkel in Berlin. In Breslau sahen sich Hans und Rosa aufgrund der antisemitischen Schikanen, diskriminierenden Gesetze und Verordnungen nun endgültig gezwungen, ihr Geschäft weit unter Wert zu verkaufen. Nutznießer dieser vom Staat gelenkten »Arisierung« war in ihrem Fall ein ehemaliger Angestellter des Geschäfts, Herrmann Pfatzner[78]. Er sollte später aussagen, der Wert des Reinvermögens des gewerblichen Betriebs N. Samosch habe nach seiner Erinnerung »im Zeitpunkte meines Erwerbs (1937) ca. 1000 Reichsmark betragen«. Er erläutert 1969 gegenüber dem Lastenausgleichsamt weiter:

> »Im Jahr 1936 setzte es sich wie folgt zusammen: Anlagevermögen, bestehend aus alten Regalen und Ladentischen aus der Zeit vor dem ersten Weltkriege, restlicher Teilwert ca. 30,- bis 50,- Mark, Verkaufswert = 0, da unverkäuflich. Umlaufvermögen (Antiquariatsbestände) im Werte von ca. 1.200,- bis 1.600 RM. Seit 1933 wurden die Bestände durch angestrebten Ausverkauf ständig verkleinert; im Zeitpunkte der Übernahme waren nur noch geringwertige ›Ladenhüter‹ vorhanden, deren Wert bei ca. 600,- bis 1000,- RM gelegen haben mag;

Guthaben, Außenstände oder Schulden der Firma Samosch wurden von mir nicht übernommen. Obwohl nur ein Reinvermögen in dem angegebenen Umfange vorhanden war, habe ich einen Kaufpreis von 5.500,- RM an Herrn Hans Samosch geleistet, davon 1.500,- RM ohne Kenntnis der damaligen NS-Preisgenehmigungsstelle. Mir lag daran an diesem Geschäftsplatz eine eigene Existenz zu gründen, deshalb habe ich den von mir erwähnten Kaufpreis geleistet. Es ist mir unbekannt, wie Herr Fritz Samosch zu der Auffassung gekommen ist, dass ein Kaufpreis von RM 8.000,- vereinbart worden ist. Zu dem von Herrn Fritz Samosch angegebenen Kaufangebot von 35.000,- RM erläutere ich noch folgendes: Mir ist aus meiner Zeugenvernehmung wegen Vertreibungsschadens von Herrn Riesenfeld, damaliger Mitinhaber der Koebner'schen Buchhandlung in Breslau bekannt, daß jene Firma (vorwiegend Buchhandlung mit Sortimentlager und mit 10 Beschäftigten) einen Wert von 50.000,- RM beim Amt für Wiedergutmachung angegeben hat. Hieraus ist erkennbar, daß im Vergleich dazu bei der Firma Samosch, in welcher nur eine Person beschäftigt war, und die kein Sortiment-Lager unterhielt, ein Wert von 35.000,- RM keinesfalls in Betracht gekommen sein kann.«[79]

Nach dieser Rechnung schenkte Herrmann Pfatzner »dem Juden Hans Samosch« also im Grunde noch 4500 Reichsmark. Beinahe überflüssig zu erwähnen, dass dieser »arische« Mildtäter die »jüdische Bruchbude« dann – aus seiner Sicht – erstmals zum Erfolg führen wird und im Nachkriegsdeutschland dementsprechende Ansprüche an das Lastenausgleichsamt stellen wird. Ein erhalten gebliebenes Schreiben[80] vom 9. Juli 1937 von Herrmann Pfatzners Anwalt an den Vertreter des jungen Ehepaars Samosch, Rechtsanwalt Dr. Bernstein, macht allerdings deutlich, wie stark der Druck durch das Regime die Verkaufsverhandlungen bestimmte.

W. H.[81]
Rechtsanwalt H/Ph.
(NS-Siegel) BRESLAU 2
Gartenstraße 63
Fernruf: 3 23 22
Postscheck-Konto Breslau 388 02

Breslau, den 9. Juli 1937

Herrn Rechtsanwalt Dr. Bernstein
Breslau 5
Gartenstraße 26 II.

Sehr geehrter Herr Kollege!

In der Vertragsangelegenheit Samosch – P. habe ich mit meinem Mandanten auf Grund Ihres Schreibens vom 6.7. nochmals mit der Gauleitung der N.S.D.A.P. Abt. Handwerk und Handel Rücksprache genommen. Wir haben mit dem Hauptstellenleiter der Gauleitung, Herrn Dir. U. konferiert. Herr U. erklärte meinem Mandanten in meinem Beisein, und zwar in ganz kategorischer Form folgendes: Nach den angestellten Ermittlungen kommt als Kaufpreis für das Warenlager, Katalogmaterial, einschl. Inventar allerhöchstens ein Betrag von 4.000,- RM in Frage. Wenn Herr P. über diesen Betrag hinausgeht, wird die Gauleitung in dem erhöhten Preis eine Ablösung für den Wert der jüdischen Firma N. Samosch erblicken und auf keinen Fall die Genehmigung für den Kaufvertrag erteilen. Die Gauleitung wird auch in diesem Fall das Erforderliche veranlassen. Da das Ziel des Kaufvertrages in der Arisierung des Geschäfts liegt und Herr P. jederzeit bis bisher makelfrei dastehen will und muss, kann er auf keinen Fall über die ihm von der Gauleitung als Kaufpreis festgesetzte Grenze hinausgehen. Herr P. ist daher nur in der Lage, 4.000,- RM zu zahlen. Da auch seitens Ihres Mandanten als Ziel des Kaufvertrages die Arisierung des Geschäfts erblickt worden ist, ist es nunmehr Sache Ihres Mandanten, diese Hindernisse auszuräumen. Ich möchte nicht unerwähnt lassen, dass Herr U. in seiner Eigenschaft als Hauptleiter der Gauleitung Herrn P. darauf hingewiesen hat, dass das Geschäft zu einem höheren Preis als höchstens 4.000,- RM auch

an einen Dritten nicht verkauft werde dürfe. In dem Kaufpreis, der
über 4.000,- RM liegt, würde die Gauleitung eine gleichzeitige Bewertung der Firma erblicken und sich dementsprechend verhalten.
Bei dieser Sachlage gibt es nur zwei Wege: Entweder ist Ihr Mandant mit dem Kaufpreis von 4.000,- RM einverstanden oder nicht.
Ich bitte mir unverzüglich mitzuteilen, ob Ihr Mandant auf der Basis
von 4.000,- RM gewillt ist den Vertrag abzuschließen oder nicht,
damit mein Machtgeber der Gauleitung entsprechende Mitteilung
machen kann, wozu er bereits aufgefordert worden ist.
Abschrift anbei.

Mit deutschem Gruß

gez H.
Rechtsanwalt

Als Hans und Rosa in Wien schließlich völlig erschöpft eintreffen, fragen Fritz und Fini nicht nach dem Verkaufserlös aus
dem Geschäft. Ihr Feingefühl wird es ihnen verboten haben.
Vielleicht hatten sie aber auch im Bekanntenkreis schon davon
gehört, dass die ohnehin schon unverschämt niedrigen Ver-
kaufserlöse aus den »Arisierungen« bei Auswanderung der
ehemaligen Geschäftsinhaber dann durch die sogenannte
»Reichsfluchtsteuer«[82] und die Stellen für Devisenbewirt-
schaftung noch einmal abgeschöpft wurden. Im Erhebungs-
zeitraum 1937/38 betrug das Steueraufkommen aus der bei
Einführung noch völlig unbedeutenden »Reichsfluchtsteuer«
immerhin schon 81 Millionen Reichsmark, für den folgenden
Berechnungszeitraum dann mehr als das Vierfache. In diesem
letzten Betrag dürfte das Geld, das den drei Cousins Samosch
aus dem Verkauf der Buchhandlung N. Samosch zugestanden
hätte, letztlich mit aufgegangen sein.

Herrmann Pfatzner scheint den mit staatlicher Unterstützung durchgeführten Diebstahl gleich unmittelbar nach
der Tat für sich selbst geleugnet zu haben. Denn obwohl die
Reichsschrifttumskammer am 23. August 1937 bestätigte: »Die
nichtarische Firma N. Samosch ist in den Besitz des Herrn
Pfatzner übergegangen«, lautete der Eintrag im *Adressbuch des*

Deutschen Buchhandels auch 1938 noch: »Samosch N. [...] Buchh. und Antiq. Gegr. 1844.« Unter Inhaber ist nun Herrmann Pfatzner eingetragen: Der Firmenname und die Tradition professionellen Wissens um das Buch – hemmungslos gestohlen in dem Bewusstsein, entsprechend dem Zeitgeist für die jüdischen Vorbesitzer noch mildtätig gehandelt zu haben. Noch in den 50er-Jahren gehen Fritz und Walter davon aus, Pfatzner hätte wenigstens 8000 Reichsmark gezahlt.

Während in Deutschland der Nationalsozialismus seit 1933 sein Terrorregime entfaltete, hatte sich in Österreich unter dem Bundeskanzler Engelbert Dollfuß eine Regierungsform herausgebildet, die von einigen Historikern heute als »Austrofaschismus« bezeichnet wird. Kennzeichnend für dieses System war die Ablehnung des Parlamentarismus: Man orientierte sich mit Blick auf autoritäre, ständestaatliche und faschistische Ideen teilweise an der Diktatur Benito Mussolinis. Nach der Ermordung von Engelbert Dollfuß durch Nationalsozialisten 1934 beerbte diesen Kurt Schuschnigg, der sich, nachdem er diktatorisch regierender Bundeskanzler von Österreich geworden war, als Führer der »Einheitspartei Vaterländische Front« zwei Jahre später dann auch »Bundeskanzler und Frontführer« nennen ließ. Er versuchte Österreich als zweiten, christlichen, – im Vergleich zum Deutschen Reich – »besseren deutschen Staat« zu etablieren und orientierte sich am Ideal eines christlichen Ständestaates, wie er von Papst Pius XI. in der *Enzyklika Quadragesimo anno* aus dem Jahr 1931 entworfen worden war.

Dementsprechend unterstützte die Katholische Kirche auch dieses Regime. In Bezug auf die jüdische Minderheit in Österreich wurden keine explizit antijüdischen Gesetze erlassen, aber es wurden auch keine nennenswerten Anstrengungen unternommen, antisemitische Übergriffe zu unterbinden. Dabei muss man berücksichtigen, dass viele der Regierung nahestehenden Kräfte offen antisemitisch agierten. Jüdische Beamte wurden systematisch aus ihren Ämtern in der öffentlichen Verwaltung hinausgedrängt. Jüdische und christliche

Schüler wurden bereits seit 1934 nach Möglichkeit nicht mehr gemeinsam unterrichtet, in Wien richtete man sogenannte »Judenklassen« ein.

In dieser Atmosphäre hatten Fritz und Fini am 1. Mai 1936 in *Buchhandlung und Verlag Otto Lorenz Nachfahren Paul Fuchs* im 1. Wiener Bezirk gemeinsam eine Arbeitsstelle gefunden. Fritz nahm wieder seine Tätigkeit als angestellter Buchhändler auf, Fini wurde als Sekretärin beschäftigt. Noch Ende 1937 / Anfang 1938 sollte Fritz' Arbeitgeber ein Buch von Raoul Auernheimer, des Großcousins von Theodor Herzl, verlegen: *Wien. Bild und Schicksal*. Der langjährige Vizepräsident des österreichischen Pen-Clubs schrieb darin über seine Lebensstationen im Wien des Austrofaschismus: »Sie fänden es ganz in Ordnung, wenn ich mich expatriieren tät? Ins Ausland gehen? Was? Übersiedeln? Wie? – Und wohin übersiedeln, wenn ich fragen darf?? Herr merken Sie sich das eine: In Wien kann man zwar nicht leben, aber anders wo kann man nicht L e b e n .«[83]

Raoul Auernheimer wurde infolge des »Anschlusses« Österreichs an das Deutsche Reich im gleichen Jahr mit dem sogenannten »Prominententransport« von Wien ins KZ Dachau deportiert. Aufgrund einer Intervention aus den USA wurde er dann Endes des Jahres wieder entlassen und musste am Ende doch aus seinem geliebten Wien fliehen. Für die beiden Breslauer Flüchtlinge Hans und Rosa wird wohl genau dieser »Prominentransport« vom April 1938 das Signal gewesen sein, von Wien aus weiter zu fliehen. Denn der erste Transport mit den bekannten jüdischen Personen aus der damaligen Wiener Gesellschaft verließ die Stadt am 1. April, Hans und Rosa kauften sich unmittelbar danach für den 12. des Monats Fahrkarten für die Bahnreise nach Amsterdam in den Niederlanden.

Verfolgung

Gleichzeitig bereiteten die noch in Breslau lebenden Verwandten von Fritz, Onkel Felix und Ehefrau Leontine[84], die Ausreise ihres mittlerweile 24-jährigen Sohnes vor: Werner Dambitsch war den Behörden nicht nur als junger Jude ein Dorn im Auge. Er war auch noch Jazzmusiker, hatte bereits als 19-Jähriger das *Excentric Jazz Orchester* mitbegründet, das mittlerweile aufgrund der rassistischen Gesetze zum *Ersten Jüdischen Jazzorchester* umbenannt werden musste. Keine 14 Tage nach Hans und

18 | *Leontine und Felix Dambitsch beim Abschied ihres einzigen Sohnes Werner in Hamburg, April 1938*

Rosas Flucht aus Wien begleiteten Felix und Leontine deshalb ihren einzigen Sohn zum Hamburger Hafen. Werner hatte nur ein Visum für Kuba bekommen, dennoch bestieg er erst einmal die *SS Washington* nach New York.

Die Eltern kehrten zurück nach Breslau. Felix war bereits schwer krank und sollte das Jahr nicht überleben. Leontine Dambitsch und Else Fraenkel, nun beide Witwen, die Söhne im Ausland, haben sich zumindest dem Namen nach gekannt. Fritz und Fini standen mit beiden in Kontakt. Doch, ob sie die furchtbare Zeit, die nun kommen sollte, in irgendeiner Weise im Austausch erlebt haben, ist nicht bekannt.

Als im November des Jahres auch in ihrer Stadt die Synagogen brannten, gab es für alle jüdischen Breslauerinnen und

Breslauer auf keinem Fall mehr Zweifel, wie furchtbar es sie treffen würde. Der Historiker Willy Cohn schrieb dazu in sein Tagebuch:

> »10. Novermber 1938 [...] Der kleine Rest der deutschen Juden wird kein gutes Schicksal vor sich haben. [...] Nun sind vielleicht die polnischen Juden gut daran, die ausgewiesen worden sind. [...] Möge Gott alle meine Kinder, drin[nen] und draußen, in dieser schweren Zeit behüten!
>
> 10. November 1938 [...] Breslau, Donnerstag um halb zehn [...] Es scheint in der Stadt böse zugegangen zu sein! Die neue Synagoge soll noch brennen. [...] Man muss es tragen. Und muss stark sein.«[85]

Else und Leontine werden gehofft haben, dass ihre Söhne sie doch noch retten können. Werner bewahrte solche Briefe von seiner Mutter zeitlebens auf. Beide Frauen hatten jedoch keine Chancen mehr: Sie wurden schließlich aus ihren Wohnungen geworfen, von Staats wegen bestohlen und ausgebeutet, ihrer Kontakte zur Außenwelt nach und nach beraubt. Von Leontine sollte ihr Sohn später erfahren, dass sie zuerst in ein sogenanntes »Judenhaus« verbracht wurde, um dort Zwangsarbeit zu leisten. Dann deportierte man sie ins KZ Theresienstadt, kurz vor Kriegsende wurde sie in Auschwitz ermordet.

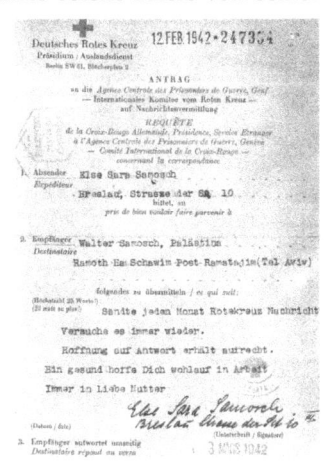

19 | Else Samosch, geb. Fraenkel, versucht 1942 – kurz vor Ihrer eigenen Deportation – über das Deutsche Rote Kreuz Kontakt zu ihrem Sohn Walter in Palästina herzustellen – vergeblich.

Else setzte ihre Hoffnungen besonders auf ihren nach Israel ausgewanderten Sohn Walter. Monatlich versucht sie ihn über das Deutsche Rote Kreuz zu kontaktieren. Ob diese Nachrichten Walter überhaupt erreichten oder dessen Antworten nur verloren gegangen sind, kann man heute nicht mehr nachvollziehen. Es dürfte für ihn mit seinem Touristenvisum aber schwierig gewesen sein, etwas für seine Mutter zu tun. Denn im Mandatsgebiet Palästina hatte die britische Regierung im sogenannten Weißbuch 1939 festgelegt, dass die Zahl der jüdischen Einwanderer von nun an von arabischer Zustimmung abhängen sollte. Angesichts der antisemitischen Verfolgung, die unter dem NS-Regime immer grausamere Formen annahm, erbitterte das natürlich nicht nur die radikalen Zionisten. Es dauerte immerhin noch drei Jahre, bis das Weißbuch während der Biltmore-Konferenz in New York – wie man diesen Zionistenkongress historisch nach dem Hotel benannte, in dem er stattfand – dann abgelehnt wurde. Else aber wurde noch im gleichen Jahr, in dem sie erneut versucht hatte, Walter in Israel zu erreichen, 1942 ins Ghetto Izbica deportiert. Dieses Ghetto lag in der Nähe von Lublin. Zur Zeit von Elses Eintreffen wurden dort beinahe 20 000 Menschen auf engstem Raum an einem Ort zusammengepfercht, der ursprünglich überhaupt nur 4500 Einwohner hatte. Izbica war so etwas wie ein Transit-Ghetto und wurde mit den letzten Deportationszügen in die Vernichtungslager Bełżec und Sobibór am 28. April 1943 aufgelöst. In diesem Jahr wurde Else Samosch zum letzten Mal von einem Bekannten gesehen. Dieser sollte sein Wissen 1955 schließlich in Yad Vashem zu Protokoll geben, doch noch 1963 ließ Walter seine Mutter in den *Mitteilungen des Verbandes der ehemaligen Breslauer in Israel* suchen. »Suchanzeige [...] Wer weiß Else Samosch, geb. Fränkel, Wwe. von Sanitätsrat Dr. S. Samosch, deportiert? Theresienstadt?«[86]

Im Wien des Jahres 1938 wurde für Paul Fuchs die Veröffentlichung von Raoul Auernheimers Buch *Wien. Bild und Schicksal* zu einem letzten Aufbegehren gegen den zunehmenden geschäftlichen Niedergang. Die Buchhandlung geriet mehr und mehr finanziell in eine Schieflage. Ende April erhielt Fritz von Paul Fuchs seine fristlose Kündigung überreicht, die dann aber offenbar doch nicht wirksam wurde. Denn einen Monat später bekommt er ein Schreiben von der Reichsschrifttumskammer, worin auf einen Antrag Bezug genommen wird, den Fritz offenbar selbst gestellt haben muss. Darin wird ihm untersagt, nach dem 30. September in irgendeiner Art und Weise noch als Buchhändler zu arbeiten.

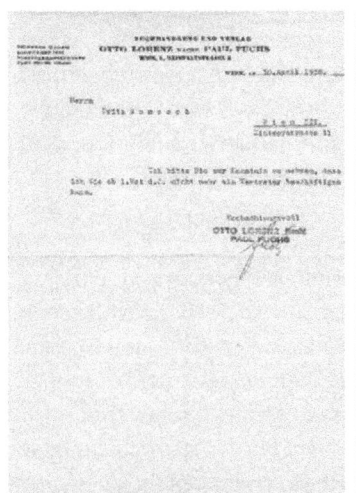
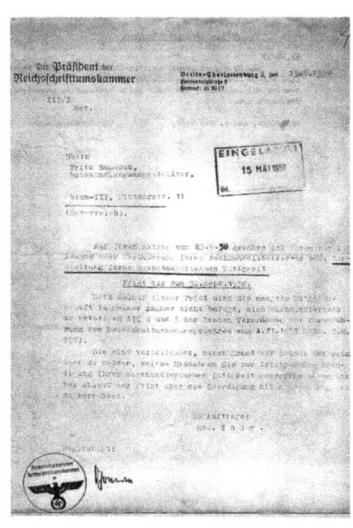

20 | In direkter Folge zum »Anschluss« Österreichs an NS-Deutschland am 15.03.1938 wird Fritz Heinrich Samosch seine Stellung als Buchhändler gekündigt.

21 | Drei Monate später erfolgt am 15.06.1938 der Ausschluss von Fritz Heinrich Samosch aus der Reichskulturkammer und damit verbunden das endgültige Berufsverbot.

Das Arbeitszeugnis von Fritz umfasst deshalb wohl auch die Zeit vom 1. Mai 1936 bis zum 30. September 1938. Ob Paul Fuchs ihn noch bezahlen konnte, bleibt zweifelhaft. Der Kündigungsgrund im Zeugnis ist nämlich bereits die Liquidation der Firma. Der Arbeitgeber von Fritz hebt die hohe Qualifikation des Buchhändlers hervor, genauso wie die Mehrsprachigkeit – Englisch, Französisch, Italienisch fließend sowie Beherrschung der spanischen Sprache. Auch Fini verliert mit dem Ende der Firma *Otto Lorenz Nachfahren Paul Fuchs* ihre Arbeit. Ihr Zeugnis holte sie sich erst am 12. Dezember des Jahres. In der Zwischenzeit hatte sie in Wien die Novemberpogrome[87] gesehen: Der Vermögensentzug der jüdischen Bevölkerung war dort noch nicht so weit fortgeschritten gewesen. So wütete der staatlich beauftragte Mob in Wien besonders brutal in mehr als 4000 Geschäften – plünderte, verwüstete und stahl, was zu tragen war. Es war für die jüdischen Wiener lebensgefährlich, auf die Straße zu gehen, doch zuhause waren sie auch nicht sicher. Bei 70 Prozent der Menschen wurden Hausdurchsuchungen durchgeführt, manchen die Wohnung einfach gestohlen, es wurde geschlagen, gemordet, verhaftet. Synagogen und Bethäuser brannten, doch die Feuerwehr schützte nur die umliegenden Häuser.

> *»Ein Beweis*
>
> *Mutter, ca. 40 Jahre alt, sitzt mit ihrem 9-jährigen Sohn gerade beim Frühstück, auf einmal stürzen vier Parteileute herein, zerren Frau und Kind ins Badezimmer (der Mann ist schon vor einigen Monaten nach Dachau gebracht), sperren sie dort ein, demolieren die Wohnungseinrichtung – es gab nicht einen Gegenstand, der verschont blieb –, sperrten das Badezimmer wieder auf, nahmen den 9-jährigen Buben, stellten ihn in die Wanne, ließen kaltes Wasser auf ihn, die Frau hielten sie, schmierten sein Gesicht mit Seife ein und gaben ihm dann mit dem Satz: »Judenbengel, beiß ab« die Seife zu essen. Er musste es tun, früher gaben sie dem Kinde keine Ruh. Der Frau verschmierte man das Gesicht mit Schmutz, jagte sie durch die Räume, damit sie das Wüten der Leute zu sehen bekam, nahmen ihr die Schlüssel der Wohnung ab, versiegelten dieselbe und jagten sie mit noch einer jüdischen Partei, so wie sie waren, ohne Mäntel, das Kind ganz nass, auf die Straße. Berichterstatter: Robert Steiner, 38 Rue Bisson, PARIS XXe.«*[88]

22 a-b | *Josefine »Fini« und Fritz Samosch,*
Wien, Hintzerstraße, etwa 1936

Fritz und Fini bemühten sich nun ebenfalls um Auswanderung.
Zunächst versuchten sie genau wie Werner, auf irgendeine
Weise in die USA zu gelangen. Doch mit diesem Wunsch standen sie bei Weitem nicht allein: 1938 wurden aus dem deutschen Reichsgebiet etwa 300 000 Visaanträge gestellt. Auf
der anderen Seite steht die Zahl von 27 370 Aufgenommenen.
Hinzu kam, dass Präsident Franklin D. Roosevelt zwar der Aufnahme von Flüchtlingen grundsätzlich positiv gegenüber-
stand, aber innenpolitisch aufgrund der Nachwirkungen der
wirtschaftlichen Depression mit starken Widerständen zu tun
hatte, sodass nicht einmal alle der Quotenvisa vergeben wurden. Das *National Coordinating Committee for Aid to Refugees and
Emigrants Coming from Germany* schrieb Fritz auf seinen Antrag
hin am 10. September 1938 aus New York:

> »*Lieber Herr Samosch, Ihr Brief, in dem Sie um Hilfe bei
> der Suche nach einem neuen Aufenthaltsort bitten, kam
> während meines Urlaubs an und fand soeben meine Auf-
> merksamkeit. Leider kann ich Ihnen persönlich nicht helfen,
> und auch unsere Organisation kann in dieser Angelegenheit*

nichts tun. Ich habe Ihr Schreiben jedoch an eine andere Organisation weitergeleitet, die vielleicht etwas für Sie tun kann. Wenn es möglich ist, werden Sie direkt von dieser etwas hören. Mit besten Wünschen und aufrichtigem Bedauern, dass ich Ihnen nicht behilflich sein kann.«[89]

Knapp fünf Monate später, am 31. Januar 1939, erreichte Fritz ein zweites, ebenso ins Leere führendes formales bürokratisches Schreiben aus New York als Antwort auf seine verzweifelten Versuche, auszureisen:

»Antwort: Fritz Samosch. Wir haben Ihr aktuelles Schreiben, das Korrespondenz zu dem oben genannten Fall enthält, erhalten. Wir haben uns direkt an den interessierten Antragsteller gewandt und sind bestrebt, die für das jeweilige Problem erforderlichen Informationen zu geben. Vielen Dank für Ihre Mitarbeit bei der schnellen Weiterleitung des Materials an uns. Wir haben den Antragsteller darauf hingewiesen, dass die Anfrage von Ihnen an uns weitergeleitet wurde.«[90]

Alle Hoffnungen auf Rettung in den USA zerschlugen sich. Gleichzeitig mussten sich Fritz und Fini gegen immer neue Anwürfe des NS-Regimes zur Wehr setzen. Zwar ging es dieses Mal vor allem wieder um Geld, fasst man aber die Ereignisse nacheinander zusammen, erkennt man die systematische Drangsalierung: Eine Anmeldung aller Vermögenswerte hatte Fritz schon im Juli abgeben müssen.

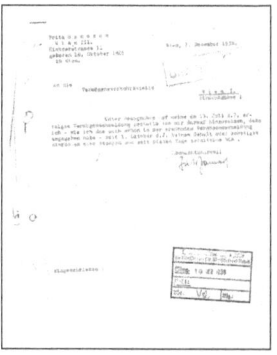

23 | Schreiben von Fritz Heinrich Samosch an die »Vermögensverkehrsstelle« in Wien nach dem »Anschluss« Österreichs, 07.12.1938

24 | *Amtsbestätigung«, dass »der Jude« Fritz Heinrich Samosch »den zu-*
sätzlichen Namen Israel annehme«,
Wien nach dem »Anschluss« Österreichs, 1938

Ab August hatte man ihn gezwungen, einen zweiten Vornamen anzunehmen. Bei Frauen war dies der Name »Sara«,
bei Männern »Israel«. Danach hatte man den mittlerweile
37-Jährigen aus seinem Beruf verdrängt. Der staatlich gelenkte
Terror erreichte seinen vorläufigen Höhepunkt im November,
doch schon im Dezember ging es damit weiter, dass die »Ver-
mögensverkehrsstelle« einfach nicht zur Kenntnis nahm, dass
Fritz aufgrund der Bestimmungen der Reichsschrifttumskammer gar nicht mehr arbeiten durfte. Das Ziel dieser Reihe
von Herabsetzungen ist eindeutig: Man wollte sie nicht nur
verunsichern und verängstigen. Man wollte entwurzeln. Fritz
und Fini wehrten sich nach Kräften.

Im Unterschied zu vielen anderen Paaren ließen sie es nicht
zu, dass der Antisemitismus ihre Ehe zerstörte. Im NS-Regime war eine Verbindung wie die ihre ohnehin nicht wirklich vorgesehen. Nach der »Rassegesetzgebung« galt Fritz als
jüdisch. Er war aber bereits als Kind getauft worden und mit
einer nichtjüdischen Christin verheiratet. Er hatte immer noch
seine deutsche, sie ihre österreichische Staatsbürgerschaft.
Dafür war von den NS-Ideologen aber kein eigener »Schub-
kasten« in der Kommode der antisemitischen Willkür ge-
schaffen worden. Umso stärker wird in kritischen Situationen

der Druck auf Fini gewesen sein, sich von ihrem Mann zu trennen. Zu so einer Situation kam es am 8. März 1939. Fini war nach Berlin zu der ebenfalls nichtjüdischen Witwe von Fritz' Onkel Ludwig gefahren. Die Frauen kannten sich seit Jahren. Man hatte Vertrauen zueinander. Weil die – wie die Nazis sie taxierten – »halbjüdischen« Kinder nach dem Tod des jüdischen »Haushaltsvorstandes« mittlerweile durch einen »arischen« Vormund vertreten waren, fühlte sich die Familie relativ sicher. Deshalb hatten die Frauen den Plan gefasst, die Ersparnisse des Buchhändler-Ehepaars unter Mithilfe von Onkel Ludwigs Witwe vor dem Nazi-Zugriff zu retten. Gegenüber dem Entschädigungsamt machte Fini 1952 an Eides statt folgende Aussage über das, was dann passierte.

> »Ich wurde am 8. März 1939 in der Wohnung meiner Tante, Frau Marianne Dambitsch geb. Geyer, Berlin-W. 30, Mackensenstraße 11, durch Organe der Zollfahndungsstelle verhaftet und in das Polizeipräsidium am Alexanderplatz eingeliefert. Am nächsten Tage, also am 9. März 1939, wurde ich in das Untersuchungsgefängnis Berlin-NW. 40, Alt-Moabit 12a gebracht, aus dem ich am 6. April 1939 entlassen wurde. Diese Entlassung erfolgte auf Grund einer Kaution von RM 1000.–, welche die obenerwähnte Frau Marianne Dambitsch für mich hinterlegte.«[91]

Vier Wochen Untersuchungshaft als Strafe für Fini wegen angeblicher Devisenschiebung – vielmehr, weil sie ihr eigenes Geld vor nationalsozialistischem Zugriff retten wollte. Peter Rosenbaum[92] hat seine *Erinnerungen aus einem nationalsozialistischen Gefängnis* aufgeschrieben:

> »Ich hörte nur Schreie, Türenschließen unter mir, Klingelzeichen, deren Bedeutung ich noch nicht kenne. Wieder Schuhe klappern unter mir. Plötzlich wurde ein Schlüssel in meine Tür gestoßen und schon flog sie mir fast auf die Nase. Ein Anschnautzer, weil ich das Bettzeug nicht vorschriftsmäßig

> *auf der heruntergeklappten Pritsche liegen habe. [...] ›Abstand halten!‹ – ›keine Unterhaltung!‹, Wachtmeister auf den Mittelbrücken der Flure, Wachtmeister zum Schließen, Wachtmeister an jeder Ecke [...]. Hinter mir hörte ich Türen über Türen schließen.«*

Das Entsetzen und die Sorge über Finis Gefängnisaufenthalt werden groß gewesen sein in den Familien Dambitsch und Samosch. In einem selbst verfassten Lebenslauf aus dem Jahr 1952 erinnerte Marianne Dambitsch sich an die Zeit so:

> *»Ehe ich von meinen Kindern spreche, muss ich erwähnen, dass ich, weil ich mit meinen jüdischen Verwandten in Verbindung geblieben war, tage-, ja monatelang die Gestapo im Haus hatte; stundenlange Verhöre und Befragungen, Überwachung der Post und des Telefons. Es gelang mir meine Nichte gegen 1000,- Mark Kaution freizubekommen. Kurze Zeit danach teilte man mir mit, die Kaution von 1000,- Mark sei verfallen, da meine Nichte geflüchtet sei. Aus beiliegender Erklärung meiner Nichte, die ich 1949 persönlich im Amsterdam sprach, geht hervor, dass, um die 1000,- Mark einzubehalten, offenkundig gelogen wurde. Der Brief der Gestapo verbrannte leider bei meiner Totalausbombung am 22. Nov.[ember] [19]'43. Die Unterlagen füge ich bei.«*[93]

Nach Finis Verhaftung im Frühjahr 1939 brach Marianne Dambitsch den Kontakt zu Fritz und Fini aus Sorge um ihre Kinder ab, die von den Behörden als sogenannte »Mischlinge 1. Grades« eingestuft worden waren. Erst im Oktober 1946 schrieb sie wieder an die Beiden. Fritz und Fini hatten sich aus Amsterdam gemeldet.

> *»Berlin-Charlottenburg, den 2. Okt.[ober][19]'46 Liebe Fini, lieber Fritz! Auch bei uns war die Freude groß, als Finis Brief kam. Wir freuen uns, dass Ihr lebt, gesund seid und dass Fritz eine Anstellung hat. Wir sind alle gesund. [...] Bin von Januar (19)'38 bis Okt.(ober) (19)'39 von der Gestapo*

> *beschattet worden, hatte sie wochenlang in der Mackensen-*
> *straße, meine Post u.(nd) mein Telefon wurden bewacht. Ich*
> *bekam schon von euch eine Karte aus Amsterdam, die mir*
> *von einem Gestapomann vorher avisiert wurde, mir wurde*
> *eine Antwort verboten sowie der Briefwechsel mit Tante*
> *Loni [...]. Daher bat ich Annemie[94], sich nach euch zu er-*
> *kundigen, eventuell noch Hans Samosch.«[95]*

Nach der vierwöchigen Haft wieder in Wien muss das Leben für Fini und Fritz ein »wahres Spießrutenlaufen« geworden sein. Denn mit dem *Gesetz über Mietverhältnisse mit Juden[96]* vom 30. April 1939 dehnte das Regime seine Verfolgungsstrategien nun auf ein weiteres Menschenrecht aus und nahm den Angehörigen der verfolgten Minderheit systematisch ihr jeweiliges Zuhause weg. Fini und Fritz waren den Behörden durch die Verhaftung darüber hinaus noch doppelt verdächtig: Wie sehr beide im Fokus der Behörden standen, zeigt eine Aktennotiz der Zollfahndungsstelle Wien an den Oberfinanzpräsidenten Berlin-Brandenburg, Vermögensverwertungs-Außenstelle vom 1. April. 1942: »Anmeldung von Vermögenswerten ausgewanderter Juden. (Devisenstrafsache Fritz Isr. u. Josefine Sara Samosch [...], derzeit Ausland): In der o. g. Strafsache wurde u. a. eine Reiseschreibmaschine Marke Mercedes Selecta [...] für Kosten und Strafe beschlagnahmt. Der Besitzer der vorstehend genannten Schreibmaschine ist der Jude Fritz Israel Samosch, welcher bereits Mitte des Jahres 1939 nach Amerika ausgewandert ist.«[97]
Doch zum Cousin Werner Dambitsch, jetzt Warner Danby, nach Cincinnati/Ohio in den USA zu gelangen, war dem Paar leider nicht gelungen. Stattdessen hatten sie sich am 19. Juli 1939 zu Hans nach Amsterdam abgesetzt. Dort war es Hans gelungen, im Lange Brugsteg direkt im Zentrum von Amsterdam erneut eine kleine Buchhandlung beziehungsweise ein Antiquariat zu eröffnen.[98] Er war mit dieser Geschäftsidee in jenen Jahren natürlich nicht allein. Werner Schroeder zitiert in seiner Buchhandelsgeschichte:

»Abraham Horodisch (1898–1987) war einer der ersten ein-
gewanderten jüdischen, aber auch nicht-jüdischen Emigran-
ten-Antiquare, darunter bekannte Namen wie Gottschalk,
Junk, Liebstaedter, Rosenthal und Marcus. [...] Jeder dieser
Emigranten hatte sein eigenes Einbürgerungsproblem. Verständlich, dass sie sich dabei an die etablierten jüdischen
Antiquare wendeten, die meist in Amsterdam saßen. Dieser Kontakt verursachte einen Kulturschock. Deutsche und
niederländische Juden, das war wie Feuer und Wasser.
Der Antiquar Louis Putnam erzählte mir aus der Erinnerung
von einem Besuch bei einem der reichen jüdischen Emigranten in der Amsterdamer Beethovenstraat: ›Die waren
Deutscher als die Deutschen, so als ob sie sich in ihrem
Deutschland beweisen mussten. Für uns Niederländer
waren es Superdeutsche, nur für die Nazis blieben es Juden.‹
Der Unterschied zwischen den deutsch-jüdischen Emigran-
ten-Antiquaren und den niederländischen Kollegen war ihre
wissenschaftliche Haltung und ihr kultureller Standard mit
einem unpassenden Überlegenheitsgefühl.«[99]

Ob Hans so ein Überlegenheitsgefühl empfunden haben
mag? Verständlich wäre es: Lieber mit Stolz und Ehre
das Elend zu ertragen als in Verzweiflung zu versinken,
brachte vielleicht keine Sympathien ein, es stärkte aber,
machte hart und unbeugsam. Das Phänomen aufseiten des
asylgebenden Landes ist darüber hinaus auch bis heute
erhalten geblieben. Einheimische haben oft genaue Vorstellungen davon, wie sich ein Flüchtling zu verhalten habe.
Briefe, Tagebuchaufzeichnungen und Familienanekdoten
darüber, wie Hans und Rosa, Fritz und Fini das knappe Jahr
im holländischen Exil überlebten, bevor auch die »Festung
Holland« so viel schneller als erwartet fiel, sind ganz und
gar verlorengegangen.

Die Meldeakten[100] aus Holland erzählen, dass Fritz und Fini
zunächst in die Wohnung in Haarlemerliede, einem kleinen
Dorf in der niederländischen Provinz Nordholland, mit der

Bahn eine gute halbe Stunde von Amsterdam entfernt, direkt zu Hans und Rosa zogen. Beide Ehepaare verließen das Dorf dann noch gemeinsam am 6. Juni 1940, also etwa drei Wochen, nachdem die Deutsche Wehrmacht die Besetzung des ganzen Landes vollendet hatte, und suchten sich in der anonymen Großstadt Amsterdam eine neue Bleibe. Auch dort wohnten sie zunächst in einer gemeinsamen Wohnung unweit des Antiquariats in der Spuistraat 316 HS zusammen. Die Straße durchmisst bis heute das historische Zentrum Amsterdams aus dem 17. Jahrhundert vom Bahnhof Centraal parallel zur Singelgracht bis tief ins Herz der Stadt. Die Häuschen und Gässchen sind verwirrend wie Streichholzschachteln – manchmal schief und krumm – nebeneinander angeordnet. An der Spuistraat sind sie kleiner und geduckter als an der nobleren Prinsengracht, wohin Otto Frank mit seiner Familie etwa zur gleichen Zeit wie die Samosch-Ehepaare umzog, und wo das jüdische Frankfurter Flüchtlingsmädchen Anne später im Versteck ihr berühmtes Tagebuch schreiben sollte.

Das Vielfältige, Unübersichtliche und Verwinkelte der historischen Altstadt Amsterdams begeistert heute Touristen aus aller Herren Länder. In den 1930er- und 40er-Jahren bot die Altstadt von Amsterdam ein ganz und gar anderes Erscheinungsbild: Überall waren in den verwinkelten Gässchen noch kleine Handwerksbetriebe angesiedelt. Statt Souvenirläden und Copyshops, hippen Kneipen und touristischem Unterhaltungsprogramm waren dort kleine Läden für den täglichen Bedarf zu Hause. Oft wohnten die Händler über ihren Läden. Alles war nachbarschaftlich, familiärer, für Außenstehende aber doch ganz und gar undurchschaubar. Den beiden Ehepaaren aus Deutschland und Österreich schien hier offenbar – genauso wie für die Frankfurter Flüchtlingsfamilie Frank und so viele andere, die den deutschen Besatzern lieber nicht ins Auge fallen wollten – ein guter Ort zu sein, um das, was auf sie zukam, irgendwie zu überstehen. Sie haben sich alle geirrt. Denn schon bald nach der Machtübernahme durch das sogenannte Dritte

Reich bekamen die Deutschen ortskundige Unterstützung.

Die Ehepaare Samosch sahen ihre Chance in der Trennung der Wohnverhältnisse: Fritz und Fini wechselten bis Ende 1942 offiziell dreimal ihre Wohnung. Hans und Rosa nur noch einmal, meldeten sich im August 1941 behördlich dann jedoch einfach ab und tauchten erst 1943 vor den Augen der Behörden wieder auf. Dass die meldeamtlichen Wege der beiden Paare so eindeutig bis heute nachzuvollziehen sind, ist der Tatsache geschuldet, dass Holland in jenen Jahren über das modernste Bevölkerungsregister der Welt verfügte. Es gelangte ganz und gar in die Hände der Judenverfolger.

75 Prozent der jüdischen Bevölkerung der Niederlande wurde so zum leichten Opfer der deutschen Rassefanatiker.[101] Diese Zahl bildet – nüchtern historisch verglichen – sogar den höchsten Prozentsatz in ganz Westeuropa: Mit Fritz, Fini, Rosa und Hans – genauso wie mit der Frankfurter Familie Frank – waren damit neben der holländischen jüdischen Minderheit rund 50 000 aus Deutschland und Österreich geflohene Juden und politisch Verfolgte den Nazis schutzlos ausgeliefert. Das Regime begann dann auch unverzüglich mit seiner Einkreisungspolitik. Ernst wurde es, als am 10. Januar 1941 der Aufruf an alle niederländischen Juden erging, sich registrieren zu lassen: Sowohl Fritz und Fini als auch Hans und Rosa reagierten darauf, indem beide Paare drei Monate später erst einmal innerhalb von Amsterdam umzogen: Hans und Rosa bereiteten danach ihr Abtauchen in die sogenannte »Illegalität« vor, Fritz und Fini versuchten, ihre Spuren zu verwischen, indem sie einen Monat später gleich noch einmal umzogen. Die behördlichen Zwangsmaßnahmen wurden danach zusätzlich von sozialen Diskriminierungsverordnungen flankiert: Besuche von Theatern, Kinos, Kaffees und Schwimmbädern waren Juden nun nicht mehr gestattet. Das Schild *Voor Jooden verboden* – »Für Juden verboten« – prangte nun allenthalben. Gleichzeitig wurde die *Zentralstelle für Jüdische Auswanderung*, die ihrem Titel wenig gerecht wurde, weil kaum echte Auswanderungsverfahren durchgeführt wurden, sondern stattdessen zunächst

einmal hauptsächlich die Registrierung aller in Amsterdam lebender Juden und Jüdinnen ihr Hauptziel war, zur sogenannten »Befehlsausgabestelle« für den Amsterdamer *Judenrat*[102]. Hinter dieser Verknüpfung steckte Methode: Denn schon im Februar 1942 bedeutete »Auswanderung« für die holländischen Jüdinnen und Juden und jüdischen Flüchtlinge im Land zunächst Deportation in das Durchgangslager Westerbork, um dann weiter in Richtung der Vernichtungslager in den Osten des Reiches verladen zu werden. Der Amsterdamer *Judenrat* bekam von den Besatzern – wie überall im Reich – deshalb eine perfide Rolle zugedacht: Kollaborierte man nicht, bedeutete dies erhöhten Druck, Razzien, Gewalt für die Leute, die man vertrat; kollaborierte man, machte man sich mitschuldig und unterstützte das Verfolgungssystem. Hans, der zusammen mit Rosa nur noch eine Postadresse hatte, wurde am 11. September 1941 zum ersten Mal von den Behörden erwischt: In den Unterlagen heißt es, er sei wegen »unerlaubten Tauschhandels«[103] festgenommen worden. Der Schwarzmarkt in jener Zeit muss geblüht haben, denn man ließ ihn von Staats wegen nach einem Tag wieder frei.

Fritz, der eben zu dieser Zeit noch eine Wohnadresse hatte, bekam am 10. Januar, also vier Monate nach der Verhaftung von Hans, Post vom Judenrat: »Ihr Erscheinen [ist in] ihrem Interesse dringend nötig«, so schrieb man ihm. Er wurde zwei Tage später zur Kontrolle seiner Papiere noch einmal einbestellt: »Pass, gelbe Judenkarte, Steuerveranlagung, graue Karte, Quittung für den Pass, Führungszeugnisse, 10 Fotos 3,7 × 5,5 cm (auf der Rückseite Namen angeben) und alle Dokumente, die bei der Vorprüfung verlangt und benötigt, jedoch nicht eingezogen« worden waren, musste er noch einmal mitbringen. So kontrolliert, dauerte es noch einmal zwei Tage, bis die *Zentralstelle für Jüdische Auswanderung* beziehungsweise in dessen Auftrag der *Jüdische Rat Amsterdam* den Reisepass von Fritz einzog.

Die Schlinge zog sich nun zu. Offenbar konnten ihm zu diesem Zeitpunkt weder seine Taufe als Kind noch seine nichtjüdische oder – wie es damals hieß – sogenannte »arische«

Ehefrau retten. Als jüdischer Flüchtling genügte nun ein falscher Schritt. Hinzu kam, dass die Behörden insbesondere das jüdische Viertel und das Amsterdamer Zentrum als verdächtig im Auge hatten und dort eine Razzia nach der anderen durchführten.

Am 17. August 1942 war Fritz zur falschen Zeit am falschen Ort. Laut dem im Amsterdamer Stadtarchiv aufbewahrten Polizeibericht[104] wurde er als Jude während einer dieser Razzien verhaftet. Er *blebt in Bewaring* (»bleibt in Haft«), bis man ihn zwei Monate später nach Westerbork deportierte. Während die behördliche Seite dieser Deportation akkurat überliefert ist, wissen wir über die Verzweiflung von Fini und Fritz nichts. Am 23. Oktober 1942 bestätigte der *Joodsche Raad voor Amsterdam, Abt. Westerbork*, »dass für Herrn Samosch, Fritz Heinrich, geboren am 16.10.1901, bei ihm vorliegt, bzw. an die Zentralstelle f.d.A. weitergeleitet ist 1. Aufruf zur Stempelung seines Personenbeweises 17/9«, ausgestellt bereits im KZ Westerbork. Auch auf der Meldekarte von Fritz ist ab dem 30. Dezember 1942 »Westerbork Lager« als neuer Wohnsitz vermerkt. Laut dieser Karte zog er am 15. Juli 1943 wieder zurück in seine alte Wohnung. Dass dies gelang, war Finis Werk: Fast ein Jahr war Fritz dem Tod näher als dem Leben. Doch die Wiener Buchhändlerin hatte nicht aufgegeben. Obwohl oder vielleicht auch gerade, weil sie selbst schon einmal in einem nationalsozialistischen Gefängnis gesessen hatte, argumentierte sie mit den Behörden couragiert und unerschrocken: Die Gesetzeslücke, auf die sie sich bezog, war jene, wonach ein deutscher Jude, der mit einer sogenannten »arischen« Frau verheiratet war, als Kind getauft und keine Kinder hatte, durch sogenannte »priviligierte Mischehe« vor Deportation geschützt war. Fini brachte die Unterlagen bei, bestach Beamte, wenn es ging, und ließ nicht locker.

Doch sie hatte einen harten Gegner. Das Regime ließ keinen so einfach wieder aus seinen Fängen. Damit sichergestellt wurde, dass Fritz zeitlebens den Status, in »privilegierter Mischehe«

25 | Taufschein von Fritz Heinrich Samosch, Wien 1901, mit dem es Josefine gelang, ihren Ehemann im Jahr 1943 aus Westerbork zu befreien.

weiter am Leben bleiben zu dürfen, erfüllte, wurde er zwangssterilisiert, bevor er wieder an die Seite seiner Frau aus Westerbork entlassen wurde. Am 9. Juli 1943 wurde Fritz »mit Gesundheitsschaden« aus dem Lager Westerbork entlassen – so umschrieb er selbst 1963 das, was ihm im KZ angetan worden war. Darüber hinaus blieben die »traumatischen Ängste«, in die Maschinerie der Nazis geraten zu sein, bei ihm und Fini ein Leben lang bestehen.

26 a-b | »Persoonsbewijs« (»Personalausweis«) von Fritz Heinrich Samosch als »Vreendeling« (»Fremdling«) mit eingestempeltem »J« (Vorder- und Rückseite) in den von Deutschland besetzten Niederlanden, 1944

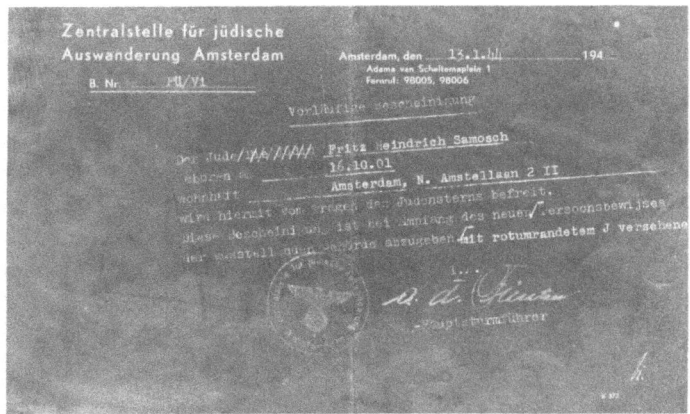

27 | Bescheinigung der »Zentralstelle für jüdische
Auswanderung« vom 13.01.1944, die Fritz Heinrich Samosch
attestierte, »hiermit vom Tragen des Judensterns
befreit« zu sein, nachdem es Josefine gelungen war,
ihren Ehemann im Jahr 1943 aus dem KZ Westerbork zu befreien

Hans und seine Ehefrau Rosa waren den Nazi-Schergen bis
zum 19. Januar 1943 entgangen. Ihre Idee, nur noch eine Schein-
adresse zu haben, sich jedem »Arbeitseinsatz« zu entziehen
und immer wieder auch keinen Stern auf der Kleidung zu
tragen, hatte sie lange gerettet. Hans Samosch hatte – so geht
aus den Unterlagen zu der Verhaftung des Paares schließlich
hervor – sogar beim *Jüdischen Rat* in Amsterdam noch Arbeit
als »Kantorbedienende«[105] gefunden. Doch die beste Planung
und die klügsten Überlegungen halfen ihnen schließlich
wenig, denn auch sie wurden – wie so viele andere nicht nur in
Amsterdam – denunziert, und zwar – ebenso wie so viele andere – von Menschen aus ihrer direkten Umgebung: Das Versteck
von Hans und Rosa lag in der Wohnung der Amsterdamer Ver-
sicherungsangestellten Margaretha Beijen[106], genannt Greet
oder Greetje. Die junge Frau war mit 20 Jahren 1939 aus der holländischen Provinz nach Amsterdam gezogen. Dort hatte sie
sich verliebt und im März 1942 gegen den ausdrücklichen Rat
ihrer Eltern – wie die Familie bis heute erinnert – den Elektri-
ker Bernadus Dictus[107], genannt Ben, geheiratet. Ben und Greet

mieteten bald nach ihrer Eheschließung eine Wohnung in der Egelantiersgracht 83. Hans und Rosa müssen schon kurze Zeit später das frisch verheiratete holländische Paar kennengelernt haben. Denn sie zogen ebenfalls im Laufe des Jahres dort ein. Seine ursprüngliche Adresse in der Spuistraat 189 behielt das Paar offiziell bei.

Später sollten Hans und Rosa aussagen, sie hätten für diese Wohnung keine Miete mehr zu entrichten gehabt. Das könnte darauf hindeuten, dass die Verfolgten in den Zeiten lange vor dem Internet einander beistanden, indem sie in Amsterdam durch häufiges Wechseln der Adressen von legal zu illegal und umgekehrt so viel Verwirrung bei den ordnungsfixierten Stellen zu stiften trachteten wie möglich. In jedem Fall hatten Hans und Rosa zum Zeitpunkt ihrer Verhaftung keine persönlichen Gegenstände mehr an ihrem offiziellen Wohnsitz.

Laut Polizeibericht bezahlten sie 3 ½ Gulden – nach heutigem Wert etwa annähernd 35 Euro – pro Woche für Nutzung des Hinterzimmers und der Küche. Es wird deshalb ein sehr bescheidenes kleines Zimmer gewesen sein. Greet Beijen gab bei ihrer Verhaftung jedenfalls an, sie habe den Flüchtlingen nicht wegen des Geldes das Zimmer gegeben, sondern, weil sie sie seit Längerem kannte.

Ihr Ehemann Ben behauptete nach dem Krieg, die Aufnahme der Juden sei seine Idee gewesen. Doch laut Polizeibericht wurde nur Greet für ihre Hilfe an den deutschen Juden zur Verantwortung gezogen, sie in einem sogenannten »arischen« Haushalt zu beherbergen und damit zu schützen. Darüber hinaus spricht gegen diese Version von Ben, dass dieser bereits ein Jahr nach dem Einmarsch der Deutschen 1941 Mitglied der NSB, der nationalsozialistischen Partei der Niederlande, geworden war. Das Zusammenleben in der Wohnung an der Egelantiersgracht – direkt um die Ecke zur Prinsengracht, wo Anne Frank zeitgleich ihr Tagebuch als Ventil für die nervenaufreibende Situation im Versteck von der Seele schrieb – gestaltete sich, so darf man annehmen, sehr schnell höchst schwierig. Die Enge spielte dabei mit Sicherheit eine Rolle.

Der 26-jährige Ben dürfte sich dem Ende 30-jährigen Hans mit dessen so vielfältiger Bildung und Belesenheit wohl auch schnell unterlegen gefühlt haben. Jedenfalls soll er schließlich zurück zu seinen Eltern gezogen sein, weil – so die Familienerinnerungen der Beijens – Greet eine enge Beziehung zu Hans Samosch eingegangen sein soll. Ob dem so war, mag dahingestellt sein.

Im Januar 1943 ging dann – so der Polizeibericht – ein anonymer Hinweis ein, dass in einer der Wohnungen in dem mehrstöckigen Haus in der Egelantiersgracht 83 Juden versteckt seien. Zwei Agenten vom *Bureau Joodsche Zaken an Het Hoofbureau van Politie Amsterdam*[108] gingen der Sache nach und wurden fündig. Das Haus ist für Amsterdamer Verhältnisse bis heute nicht klein und wurde im Bericht als Hochhaus bezeichnet. Insofern dürften die Hinweise recht genau gewesen sein. Der Polizei gelang es, einen Tag, bevor die ersten Deportationen aus dem Ghetto Theresienstadt nach Auschwitz begannen, zugleich alle drei noch verbliebenen Bewohner – die Wohnungsbesitzerin und »twee Duitsche Joden«[109] – in Greets und Bens Wohnung festzunehmen.

Hans und Rosa mussten gestehen, sich schuldig gemacht zu haben, ihren eigenen noch verbliebenen beweglichen Besitz – Möbel, Kleidung, »ein sehr gutes herrschaftliches Küchengerät« und natürlich viele Bücher, die sie immer noch zu verkaufen versuchten, heimlich von der Spuistraat in die Egelantiersgracht geschafft und – vor allem – im Haus einer sogenannten »arischen« Frau gewohnt zu haben. Beide gaben bei ihrer Vernehmung an, aus »angst voor deportie«[110] die Illegalität gewählt zu haben. Natürlich wurde aller Besitz von Hans und Rosa umgehend konfisziert, genau gelistet, um dann für die Weiterleitung fertig gemacht zu werden. Greet Beijens Wohnung blieb noch lange versiegelt, ob ihre Mutter die Wohnung der Tochter jemals wieder betreten durfte, um ein paar persönliche Dinge an sich zu nehmen, ist nicht überliefert. Nach ihrer Verhaftung wurden Rosa, Hans und Greet alle drei dem Sicherheitsdienst überstellt. Greet Beijen blieb zunächst im Amsterdam in einem Internierungslager. Am 9. März 1943 schrieb sie von dort aus an ihre Mutter:

> »Liebe Mutter, Ben hat die Scheidung gegen mich beantragt, und vielleicht könnten Sie jetzt die Dinge für mich regeln. [...] Es tut mir leid, Sie so sehr zu stören. Du bleibst gesund, Mutter, ich bin gesund. Mach dir keine Sorgen, du bist ein Schatz, Grüße alle von mir und einen großen Kuss. [...]«.[111]

Gut einen Monat später überstellte man die junge Frau nach Scheveningen ins Gefängnis. Von unterwegs schrieb sie ihrer Mutter noch einmal:

> »Ich habe Schutzhaft unterschrieben und weiß nicht, wie lange meine Strafe dauern wird, es kann lange dauern, aber ich bin guter Stimmung und sogar dicker geworden. Ich habe mit netten Leuten zusammengesessen und bin durchgekommen [...]. Wenn Sie noch Kontakt zu Ben haben, sagen Sie ihm, [...] dass ich denke, dass es in Ordnung ist, dass er von mir getrennt ist. Ich fühle viel Freundschaft für ihn, aber ich liebe ihn nicht genug, um mein Leben mit ihm zu verbringen. Wenn möglich, versuche ich ihm zu helfen, ich habe es ihm sehr schwer gemacht. [...]. Wenn Sie ins Haus zurückkommen und in das Loch des Schornsteins schauen, in das das Rohr kommt, sollte es eine goldene Uhr (im vorderen Raum) geben, bewahren Sie diese auf. Ich habe f 400 [Gulden] hier, möchten Sie von außen fragen, ob Sie das gesamte Geld oder einen Teil davon für die Miete haben können. Ich könnte es hier verlieren. Besprechen Sie das nicht weiter mit Ben, denn es sollte als mein Geld betrachtet werden, ich habe es von Hans bekommen, niemand sollte es wissen. Gib dein bestes dafür. [...]. Nun, Mutter, ich hoffe dich erreicht diese geschmuggelte Notiz. Denke immer beruhigt an mich, ich fühle mich mental sehr stark und weiß, was ich tue. [...]. Grüße Ben. Ein großer Kuss von Greet.«[112]

Die mutige Holländerin Greet blieb nicht im Gefängnis in Scheveningen. Man transportierte sie weiter ins Frauenkonzentrationslager Ravensbrück nach Brandenburg nördlich von Berlin. Im KZ Ravensbrück, in dem vor allem auch die Firma Siemens Zwangsarbeiter für die NS-Rüstungsmaschinerie ausbeutete, galt das Prinzip »Töten durch Arbeit«. Lisl Jäger[113], eine junge Widerstandskämpferin aus Wien, die Ravensbrück schließlich überleben sollte, erinnerte sich später an ihre Ankunft im KZ so:

> »Zuerst kam ich in den Block 19. Meine erste Arbeit bestand darin, den ganzen Tag Sand zu bewegen: schaufeln, schaufeln, schaufeln. Die Arbeit brachte mich rasch an die Grenzen meiner körperlichen Kraft.«

Lisl Jäger hatte Klassenkameradinnen, die ihr zu leichterer Arbeit verhalfen. Doch selbst dann war keiner in Sicherheit. Wer nicht durch zu schwere Arbeit und Hunger gebrochen wurde, war in Ravensbrück immer noch der besonderen Gefahr ausgesetzt, Opfer sadistischer medizinischer Versuche zu werden. Greet Beijen überlebte die Foltern im KZ Ravensbrück dann auch nur vier Monate. Sie wurde 24 Jahre alt. Man nahm der jungen Frau das Leben durch Arbeit, Krankheit infolge von Essensentzug, eines Lebens unter menschenunwürdigen Bedingungen, medizinisch verbrämten Sadismus oder rohe Gewalt.

Hans und Rosa wurden im März 1943 zunächst im holländischen KZ Vught-Herzogenbusch interniert, dessen Bau 1942 hauptsächlich durch beschlagnahmtes jüdisches Vermögen finanziert worden war. Kommandant von Vught-Herzogenbusch war zur Zeit von Hans und Rosas Ankunft im KZ der SS-Untersturmbannführer Karl Chmielewski. Besonders brutal, unter seinen Opfern schließlich bekannt als der »Teufel von Gusen«, hatte er persönlich gemordet und vergewaltigt, sich schließlich bei den im KZ Gusen Eingekerkerten sogar mit Fleckfieber angesteckt. Nach längerem Kuraufenthalt war er nun mit dem Aufbau des KZ Vught-Herzogenbusch[114] beauftragt worden. Die niederländische Firma Philips kooperierte mit diesem KZ und versuchte sich immerhin für die ihr zugewiesenen Zwangsarbeiter einzusetzen.

Neben Oppositionellen, Sinti und Roma mussten im Laufe der Zeit insgesamt 12 000 Juden ab Januar 1943 in Vught-Herzogenbusch Zwangsarbeit leisten. Doch das Ehepaar blieb nicht lange dort: Bereits mit dem Datum vom 1. Mai verzeichnete ein niederländischer Verwaltungsangestellter auf der Meldekarte von Hans und Rosa das Lager Westerbork als neuen »Wohnsitz«. Dieses Lager, dem Fritz durch die beharrliche Kraftanstrengung Finis doch noch entkommen konnte, stand zu diesem Zeitpunkt bereits seit einem knappen Jahr unter deutscher Verwaltung und bildete offiziell das »polizeiliche Judendurchgangslager«, in dem vor allem Jüdinnen und Juden, aber auch Sinti und Roma sowie Widerstandskämpfer aus allen Teilen der Niederlande zusammengepfercht wurden, um sie dann mit dem Zug Richtung Osten in die Vernichtungslager zu verfrachten. Die *Niederlandse Spoorwegen*, d. h. die Niederländische Eisenbahn, erhielt damals – umgerechnet in heutige Währung – pro Person vom NS-Regime etwa € 2,40 für ihre Leistung.

Immerhin ist dies dem Unternehmen aufgrund des Engagements von Salo Muller[115] und dessen Lebenserinnerungen seit 2018 jedenfalls vordergründig peinlich, und man versucht sich an einer offiziellen Entschuldigung sowie einem »Wiedergutmachungsfonds«: Dieser soll den Überlebenden bzw. deren Kindern zugutekommen. Genau 75 Jahre nach der Zwangssterilisation also, die Fritz im KZ Westerbork erleiden musste, in das er wie alle anderen Unglücklichen auch, genau wie Hans und Rosa, mit *Niederlandse Spoorwegen* befördert worden war, zeigt sich das Unternehmen damit – so kann man es wohl sagen – einmal mehr zugleich geschickt und unverfroren auf seinen geldwerten Vorteil bedacht.[116] Nach wie vor im Grunde unwillig, aus der eigenen Geschichte überhaupt zu lernen, wirbt man stattdessen ungebrochen und kürzt sich darüber hinaus weiterhin mit »NS« ab.

1943 hatte man extra ein Anschlussgleis ins Lager gebaut, um die Abläufe in Westerbork schneller, reibungsloser, effizienter zu gestalten. Die Niederländische Bahn half nicht nur dabei, die von den NS-Schergen Verhafteten bzw. Deportierten aus allen Teilen des Landes nach Westerbork zu bringen, sie verantwortete auch die Sammeltransporte in die Lager im Osten des Deutschen Reiches bis zur holländischen Grenze, wo die Deutsche Reichsbahn die Elenden übernahm. Insgesamt wurden von 1942 bis 1944 über 100 000 Jüdinnen und Juden per Zug vor allem in die Vernichtungslager Auschwitz-Birkenau und Sobibòr in den beinahe sicheren Tod geschickt, denn nur 5000 Menschen überlebten. Hans und Rosa gehörten nicht zu ihnen. Auf der »Meldekarte« wurde handschriftlich vermerkt: »Sobibòr am 14. Mai 1943«. Später sollten mit diesem Datum beide gerichtlich für tot erklärt werden.

Sobibòr ist heute im südöstlichen Teil von Polen gelegen. In dem Vernichtungslager wurden wohl insgesamt eine Viertelmillion Jüdinnen und Juden, allein 33 000 Menschen aus den Niederlanden, durch Motorabgase erstickt, nachdem sie sich entkleiden mussten. Auch der letzte Besitz wurde ihnen so zum Schluss gestohlen. Hans wurde im Alter von 39 Jahren ermordet, Rosa durfte nur 33 Jahre alt werden.

Am 7. Dezember 1956 schrieb Fritz aus den Niederlanden in seinem ersten Brief an Walter nach Israel, dass er – selbst damals schon seit einigen Monaten Häftling in Westerbork – seine Verwandten dort noch getroffen, ja sogar mit ihnen gesprochen hat, bevor man die beiden deportierte. Über den Inhalt des Gespräches von Häftling zu Häftling bewahrt er Schweigen. Zwischen den Zeilen allerdings steht das Entsetzen geschrieben, die unendliche Traurigkeit, Verzweiflung darüber, ihnen, mit denen er so viel durchgestanden hat, nicht in irgendeiner Weise noch hilfreich gewesen zu sein. Das Schuldgefühl des Überlebenden – es wurde aus Ohnmacht geboren.

Weltgeschichtlich gilt das Kriegsjahr 1943 mit Stalingrad, wo die sowjetischen Armeen die Wehrmacht erstmals vernichtend besiegten, als Wendepunkt im Kampf gegen die rassistisch begründete Expansion des sogenannten Dritten Reichs nach Osten hin. Abseits der Hauptschlachtfelder des Zweiten Weltkrieges im britischen Mandatsgebiet Palästina, in das Walter Samosch ja bereits 1933 emigrierte, herrschte jedoch auch alles andere als ein behaglicher Frieden: Denn unter den palästinensischen Arabern hatte sich aufgrund des Zuzugs, später der Flucht, vieler Jüdinnen und Juden ins Mandatsgebiet mehr und mehr eine pro-deutsche Haltung verbreitet, was wiederum dazu geführt hatte, dass die Briten den jüdischen Zuzug beschränkten. Viele Jüdinnen und Juden begannen aus Enttäuschung heraus im Untergrund für die Unabhängigkeit ihres Staates zu kämpfen.

Daran beteiligte sich Walter nicht und blieb in der Landwirtschaft beschäftigt. Mit einem Touristenvisum eingereist, wartete er auch noch ein Jahrzehnt später auf seine Einbürgerungsdokumente. Der israelische Historiker Tom Segev schreibt über die Bedeutung der deutschen Juden, der *Jeckes*, im britischen Mandatsgebiet in dieser Phase in seinem Standardwerk *Die siebte Million*:

> »Im Konflikt zwischen widergesetzlichem und gesetzeskonformem Verhalten stellten sich die Jecken auf die Seite von Recht und Ordnung. Im Konflikt zwischen Gewalttätigkeit, Militarismus, Extremismus sowie Feindseligkeit gegenüber den Arabern auf der einen und Friedensbereitschaft auf der anderen Seite befürworteten die Jecken Toleranz und Kompromisslösungen. Der Kampf um den ethischen und ideologischen Charakter Israels hatte schon vor der Einwanderung der Jecken eingesetzt, erhielt durch ihre Ankunft aber einen starken Schub. Die Jecken spielten bei diesem Kampf eine wesentliche Rolle, verloren jedoch. Vielleicht hatten sie niemals eine Chance gehabt. Israel gründete sich auf Terror, Krieg und Revolution und erforderte zu seiner Errichtung ein gewisses Maß an Fanatismus und Grausamkeit. In der Anfangszeit war Israel weit

vom Traum der Jecken entfernt. Doch die Wertvorstellungen,
die sie bei ihrer Flucht aus Hitler-Deutschland mitgebracht
hatten, lebten auch nach ihnen weiter. Der Kampf um die Be-
wahrung dieser Werte wurde zu einem dauerhaften Merk-
mal des Lebens in Israel.«[117]

Walter Samosch fand schließlich Halt in dem 1942 gegründeten Kibbuz Kfar Szold. Benannt nach der Gründerin
der zionistischen Frauenbewegung, Henrietta Szold[118],
kann man die Siedlung bis heute in der Chulaebene im
nordisraelischen Obergaliläa am Fuße der Golanhöhen be-
reisen. Heute bietet der Kibbuz Touristen *Country Lodging*
mit Swimmingpool und Sonnenterasse an, doch war zuletzt
2006 auch das Ziel der Katyuscha-Raketen der Hisbollah aufgrund seiner Nähe zur syrischen Grenze.

1943 waren die arabischen Feindseligkeiten gegen die An-
wesenheit von Juden in Erez Israel allerdings Walters gerings-
tes Problem. Denn auch im ländlich geprägten Britischen
Mandatsgebiet, bei der Arbeit auf den Feldern zwischen
Aussaat und Ernte, erfuhr man schließlich von den un-
geheuerlichen Verbrechen gegen die Menschlichkeit, die von
Deutschland aus überall in Europa verübt wurden.

Tom Segev zitierte Georg Landauer[119], der aufgeschrieben
hat, was die Jeckes in Israel während des Höhepunkts der Vernichtung der Juden in Europa erfuhren und dachten:

»Je ohnmächtiger man den Aufgaben der Rettung gegen-
übersteht, umso häufiger und aufdringlicher werden die
Manifestationen der Empörung, der Kritik an denen, die
vermeintlich retten können, und die organisierten Trauer-
kundgebungen. […] Wir schreien zum Himmel und zu den
Alliierten, und alles dies wird durch häufige Wiederholung
Routine, stumpft ab, wird wirkungslos und hört auf, spon-
tane natürliche Reaktion zu sein. Trauer und Entrüstung
werden obligat, Redner und Artikelschreiber müssen sich
durch Originalität der Zitate oder Höhe der Stimmlage

> *voreinander auszeichnen. Es ist schrecklich zu sehen, wie die entsetzlichste Tragödie der Juden von einer kleinen Gruppe Geretteter zu einem ›Thema‹ verarbeitet wird. Nur der erste Aufruf, der erste Aufschrei kam aus dem Innern.«*[120]

Walter Samosch brauchte noch bis zum Herbst 1944, bis alle notwendigen Unterlagen und Versicherungen zusammengetragen waren, um das Antragsformular für die Einwanderung seiner Familienangehörigen nach Erez Israel bei der Einwanderungsabteilung der *Jewish Agency* vollständig ausgefüllt einreichen zu können: Seine Mutter Else Samosch, geborene Fraenkel, war da wahrscheinlich bereits schon seit einem Jahr genauso eines der Mordopfer geworden, wie Walters Bruder Hans und dessen Frau Rosa – doch Walter hoffte eben noch.

Aus den Unterlagen der Einwanderungsbehörde geht hervor, dass es Walter gelungen war, die Namen seiner Familienangehörigen auf eine Liste der Veteranen und Härtefälle setzen zu lassen, die Ende September des Jahres per Luftpost an die Einwanderungsabteilung der Regierung nach London, per Telegramm nach Genf und am 1. Oktober noch per Boten nach Konstantinopel übermittelt worden war. Akribisch belegte Walter alle seine Angaben über Mutter, Bruder und Schwägerin mit der Nennung von Zeugen über seine Glaubwürdigkeit. Der Kibbuz bestätigte zudem, dass Samosch Zeev als Mitglied dort arbeitete. Man versprach sogar, Zeev, der erklärte, alle anfallenden Kosten für Reise, Telegrafen, Zoll sowie sonstige Gebühren für seine Angehörigen zu übernehmen, solidarisch abzusichern.

»Allgemeine Gewerkschaft der hebräischen jüdischen Arbeiter
in Erez Israel
Kibbutzvereinigung
Kfar Szold
Arbeitervereinigung der kooperativen Ansiedlung

10. September 1944

Post Rosh Pina
An die Jewish Agency in Erez Israel
Einwanderungsabteilung

Sehr geehrter Herr,
hiermit möchten wir schriftlich festhalten, dass uns bekannt ist, dass unser Mitglied Zeev Samosch von Ihnen eine Einwanderungserlaubnis für seinen Bruder und seine Frau (die Frau des Bruders) beantragt hat.
Darüber hinaus schließen wir uns der persönlichen Verantwortung unseres Mitglieds Samosch an und erklären hiermit, dass wir uns gemeinsam um sie kümmern und verantwortlich für den Unterhalt in Erez Israel sein werden.

Mit freundlichen Grüßen,
Unterschriftskürzel
Kfar Szold«[12]

Ein ähnliches Schreiben für Else Samosch ist bis heute in den Archiven der *Jewish Agency* erhalten geblieben. Wann, wie und was Walter von den Umständen der Ermordung seiner Angehörigen erfuhr, wurde in der Familie niemals weitererzählt. Dokumentiert ist aber, dass Walter am 24. November 1949 den Namen seines Bruders im *Staatsblad* der niederländischen Regierung gelesen hat und seinen Namen als Opfer der Shoah in die Archive der Gedenkstätte Yad Vashem in Israel eintragen lässt.

Genauso, wie die drei älteren Cousins aus der Samosch-Familie als Anfang des 20. Jahrhunderts in Europa geborene Juden der Shoah nicht entgehen konnten, wurden auch die jüngeren Cousins Dambitsch in die Geschehnisse mit hineingezogen. Werner Dambitsch, seit 1938 Warner Danby, schloss sich in den USA zwei Jahre nach seiner Immigration der US-Army an. Mit seinen Kenntnissen der deutschen Sprache und Kultur rekrutierte man ihn bald für eine Ausbildung als Vernehmer und Experte für psychologische Kriegsführung beim Counter Intelligence Corps (CIC). Aus dem ehemaligen Jazzsaxofonisten und Verkäuferlehrling im Berliner KaDeWe wurde so ein *Ritchie Boy*[122].

Die Gruppe bestand aus etwa 15 000 Soldaten, von denen gut 2000 ehemals jüdische Flüchtlinge waren und aus Deutschland oder Österreich stammten. Die *Ritchie Boys* wurden oft an vorderster Front eingesetzt, um Überläufer und Kriegsgefangene zu verhören oder etwa mit Flyern die Bevölkerung zum Aufgeben zu bringen. Warner Danby nahm in dieser Funktion am – wie es im anglo-amerikanischen Raum bezeichnet wird – *Battle of the Bulge*, wörtlich übersetzt: »Schlacht der Ausbuchtung« teil. Aus deutscher Sicht ging diese Schlacht als »Ardennenoffensive« in die Geschichte ein und gilt als einer der letzten Versuche des NS-Regimes, das Kriegsgeschehen noch einmal zu eigenen Gunsten zu wenden. Ziel war es, die alliierte Nachschubbasis in Antwerpen zu erobern und die Truppen des Gegners damit empfindlich zu schwächen. Es waren Verbände der Wehrmacht, aber vor allem auch SS-Panzerdivisionen mit ihren gewaltigen Tiger-II-Panzern (»Königstiger«), die das Ruder im Sinne ihres »Führers« in Berlin noch einmal herumreißen sollten. Der zierliche Breslauer Jude Werner Dambitsch, der schöne Krawatten und den Jazz so liebte, bekam es damit also noch direkt mit den rassefanatischen Kampfmaschinen zu tun, die seit 1933 den Motor und das Rückgrat der Verfolgung nicht nur der Familie Dambitsch gebildet hatten. Warners Erinnerungen an das *Battle of the Bulge* beschrieb er stets mit dem Wort, es sei die schlimmste Zeit (des Zweiten Weltkriegs) gewesen in Belgien, im Bastogne.

28 | Werner Dambitsch / Warner Danby als Ritche Boy in der US-Army,
1940er-Jahre

Der britische Historiker Antony Beevor urteilte in seinem
Werk *Die Ardennenoffensive 1944. Hitlers letzte Schlacht* über die
Besonderheit dieses letzten Aufbäumens des NS-Regimes an
der Westfront sinngemäß: Das Ausmaß der Brutalität, die ausgehend von den Deutschen Verbänden dieses Kriegsgeschehen
kennzeichnete, stand demjenigen im Osten nun in nichts mehr
nach.[123] Das belgische Städtchen Bastogne, an das sich Warner
zeitlebens mit Grauen erinnern sollte, hatte die Wehrmacht im
Zuge dieser Offensive kurz vor dem Weihnachtsfest 1944 ein-
geschlossen und forderte die amerikanischen Verteidiger zur
Kapitulation auf. Der amtierende amerikanische Kommandeur
der 101. Luftlandedivision, Anthony McAuliffe, antwortete mit
einem legendären einzigen Wort: *Nuts*, »Blödsinn«.

Warner Danby erhielt für seine Verdienste während der
Schlachten, an denen er teilnahm, um Deutschland vom NS-
Regime zu befreien, nach dem Krieg die *Bronze Star Medal*
für – wie auf die Rückseite eingraviert – *heroic or meritorious
achievement* – »heldenhafte oder verdienstvolle Leistung«.
Nach der Niederlage der Deutschen, so war er stets über sich
selbst entsetzt, rutschte ihm gegenüber einem Ex-Nazi dann
doch einmal die Hand aus, als ihn ein Breslauer Antisemit

während eines Verhörs über seine angeblichen Widerstandstaten gegen das NS-Regime systematisch belog.

20 Jahre nach Warners Tod hat seine Witwe Karin Danby erzählt, wie ihr Mann vom Tod seiner Mutter erfuhr: »Ich glaube, erst nach dem Krieg. Als er nach der Mutter geforscht hat. Und dann hatte diese Freundin, Lizzi Barnitzki, die nach England geflohen war, ihm darüber geschrieben, oder er hat sie in England besucht, hat sie in England noch gesehen. Und die hat ihm dann erzählt davon.«[124]

Lizzi Barnitzki hatte noch versucht, die Mutter von Warner, Leontine Dambitsch, nach England zu holen. Karin R. Danby erinnert:

> »Leontine Dambitsch hatte ein Visa, die Lizzi hat ihr ein Visa für England gegeben als Hausmädchen. Und das verstehe ich auch, in dem Alter, jetzt noch Hausfrau, Putzfrau zu werden, Hausmädchen, weil man sich doch nicht vorstellen konnte, wie so schlimm so etwas [wie die Shoah, d. Verf.] noch sein könnte. Und da hat sie es abgelehnt. Also sie könnte nicht. Und die Lizzi – ich hab' die Lizzi noch in New York, in Amerika, zwei Mal gesehen – und sie konnte es nicht verstehen. Aber wenn man zurück in die Vergangenheit sieht ist alles viel klarer als wenn man, man kann doch nicht, hätt' sich doch nicht so etwas vorstellen können.«[125]

29 | Werner Dambitsch /
Warner Danby und
seine Frau Karin,
1950er-Jahre in den USA

Der jüngste Cousin von Fritz, Wilhelm Dambitsch, als 1926 Geborener sozusagen ins NS-Regime hineingewachsen, konnte lange von seiner nichtjüdischen Mutter beschützt werden. Doch im Berlin des NS-Regimes hörte der Jugendliche in den 40er-Jahren dann immer häufiger, dass auch die sogenannten

»Mischlinge ersten Grades« aus der – wie die Nazis es beabsichtigten – »Rasse-bereinigten« Reichshauptstadt deportiert werden sollten. Wie seine älteren Cousins wählte er den »Untergrund«:

> »Irgendwann zwischen dem Juni 1943 – wo er noch zur Musterung bei der Wehrmacht erscheinen musste und dort als ›nicht wehrwürdig‹ eingestuft wurde – und April 1945 meldete er sich in Berlin polizeilich ab und nirgendwo im Deutschen Reich wieder an. Mit diesem Halbschritt in die Illegalität – denn zur Arbeit erschien er ja jeden Tag, da er wusste, dass die Personalabteilungen der Firmen gehalten waren, fehlende Mitarbeiter den Arbeitsämtern zu melden, die diese Information an die Gestapo weiterleiteten – wollte er vorsorgen gegen den Fall der Fälle einer drohenden Internierung oder Deportation.«[126]

Als Propagandaminister Joseph Goebbels am 19. Juni 1943 die damalige Reichshauptstadt für »judenrein« erklärte, lebten etwa 7000 jüdische Menschen sozusagen ganz und gar »versteckt im Großstadtdschungel«. Die Vielzahl der Menschen, die Anonymität der Großstadt gaben ihnen Schutz vor dem Regime. Doch waren sie ausschließlich auf die Hilfe ihrer freundlich gesinnten Mitmenschen angewiesen, hatten keinen Wohnsitz, keine Lebensmittelkarten, keinen Schutz vor Kriminalität. Man nannte das »Untertauchen«, als ein »U-Boot« überleben. Folgerichtig wurden die Denunzianten, bezahlte oder durch Erpressung gefügig gemachte Zuträger des Regimes, »Greifer« genannt.

> »Mein Vater war sozusagen beinahe ein U-Boot, endgültig auf Tauchfahrt zwischen dem 10. April und dem 2. Mai 1945. Er erhielt nun keine Lebensmittelkarten, weil er keine Adresse mehr hatte und hatte damit im bürokratischen Ämterwirrwarr des sogenannten Dritten Reichs aufgehört zu existieren. Gütige Berliner fütterten ihn durch, gewährten ihm

Unterschlupf in Wohnungen, wo er sich von Vermietern zwar die Anmeldung per Wohnungsschein unterschreiben ließ, diesen jedoch nach erfolgter Unterschrift wegwarf. Später hat er auf Dachböden und in Kellern überlebt. Weil seine Mutter, meine Großmutter, bereits 1943 nach der Ausbombung ihrer Wohnung Berlin in Richtung Krummhübel in Schlesien verlassen hatte, um zu ihrem Bruder zu gelangen, war ihr 17jähriger Sohn auf die Hilfe fremder Menschen und seiner Schwestern angewiesen. Mein Vater versuchte nun nach Möglichkeit, ohne aufzufallen durch die Straßen Berlins zu gehen – was in Zeiten des ›totalen Krieges‹, wo alle wehrfähigen Männer an der Front waren, beinahe ein Ding der Unmöglichkeit war. Meistens nahm er deshalb nur die U-Bahn zur Arbeit und zurück. So begann er alle Menschen zu taxieren, zwischen Freund und Feind zu unterscheiden, niemals offen und spontan zu sein, sondern immer Distanz zu wahren – Small Talk statt Tacheles, Anekdoten statt ›erzählter Geschichte‹. So habe ich ihn als Vater kennengelernt, nachdem er den Untergang Berlins überlebt hat. Während der Zeit des Häuserkampfs hatte er in Neu-Westend eine als Einmannbunker umgebaute Betonröhre eine Woche lang nicht verlassen. Eine Dose Thunfisch sicherte ihm das Überleben.«[127]

Keine Stunde Null

Nach dem Ende des Krieges kehrte Warner Danby Deutschland endgültig den Rücken und machte in den USA als Kaufmann Karriere. Seine The Warner Danby Corporation hatte ihren Sitz über Jahrzehnte hinweg im Schatten des World Trade Centers im Herzen Manhattans. Sein geliebtes Saxofon fasste er nach dem Schrecken des Zweiten Weltkriegs, und nachdem die Ermordung seiner Mutter zur Gewissheit geworden war, niemals wieder an.

30 | Wilhelm Dambitsch,
Berlin, 50er-Jahre

Wilhelm Dambitsch, den das Berliner Canisius-Kolleg trotz seiner engagiert katholischen Mutter als sogenannten »halbjüdischen« Schüler trotz bestandener Aufnahmeprüfung nie akzeptiert hatte, holte direkt nach Kriegsende mit einer Gruppe anderer junger Schicksalsgenossen – die einen Hintergrund im berlinerisch so genannten Restaurant »Mampe«[128] (»Mampe halb und halb«, was sich eigentlich auf dort angebotene Alkoholmischungen bezog) besaßen – das Abitur in Rekordzeit nach und stürzte sich nicht nur in ein Architekturstudium, sondern auch in das besondere Lieben und Leben in der damaligen Frontstadt Berlin-West. Später sollte er an zahlreichen Bauprojekten in der Stadt mitarbeiten.

Fritz und Fini hatten sich die letzten Jahre des Zweiten Weltkriegs mehr schlecht als recht durchs Leben geschlagen. Gerade Fini sorgte durch alle möglichen Heimarbeiten immer wieder für das Nötigste.

Auch nach dem Krieg blieb das Ehepaar in den Niederlanden. Fritz erhielt eine Anstellung in einem großen Handelsunternehmen und arbeitete als Korrespondent für Übersetzungsarbeiten. Er galt jedoch weiter zunächst als »staatenlos« und erhielt erst 1948 die ihm von den Nazis entzogene Staatsbürgerschaft seines Geburtslandes Österreich zurück. Fini war durch die Kämpfe und Anstrengungen während der Zeit der Verfolgung ihres Mannes an Körper und Seele erschöpft, zurückgezogen von der Außenwelt führte sie den bescheidenen Haushalt der beiden. Immer wieder musste sie sich ärztliche Hilfe holen.

Die Niederlande, als das Zufluchtsland des Ehepaares, naturalisierte Fritz Heinrich Samosch schließlich 1957. Als eine Bescheinigung des Amsterdamer Bürgermeisters dieser Naturalisierung 21 Jahre später dann noch einen besonders offiziellen und ehrenwerten Anstrich gab, hat Fritz dieses Dokument ebenfalls gut in seinem blauen Koffer aufbewahrt. Fini war zu diesem Zeitpunkt schon gestorben.

31 | Bescheinigung der Republik Österreich zur erneuten Staatsbürgerschaft von Fritz Heinrich Samosch, Wien 1948

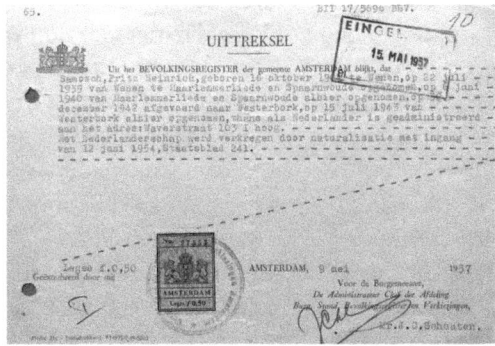

32 | Bescheinigung der Niederlande zur Erteilung der Staatsbürgerschaft
für Fritz Heinrich Samosch, Amsterdam 1957

33 | Bescheinigung der Niederlande
zur Erteilung der Staatsbürgerschaft
für Fritz Heinrich Samosch,
Amsterdam 1957

34 | Fritz Samosch und
Ehefrau Josefine, direkt nach
der Shoah, Amsterdam 1946

Fritz suchte und fand Trost in der von ihm so geliebten Literatur. Auch half ihm seine Sprachbegabung zurechtzukommen. Obwohl seine Sehkraft im Laufe der Jahre immer mehr abnahm, begann er unmittelbar nach dem Kriegsende mit der Übersetzung Theodor Storms ins Niederländische. So erschien bereits 1946 im Amsterdamer C. Hafkamp-Verlag: *Immensee* – vertaald door[129] F. Samosch. Sein Verleger schenkte ihm das Bändchen mit der Widmung: »Für Fritz den Weber«.[130]

Der Kontakt zu seinem Cousin Walter war seit 1938 abgebrochen. Fritz und er hatten sich 1933 bei Walters Emigration nach Palästina, die diesen über Wien geführt hatte, zum letzten Mal gesehen. Das blieb so bis 1956. Der Staat Israel war seit acht Jahren gegründet und vielfältig angegriffen worden. Als Fritz im Dezember des Jahres seinen ersten Brief an Walter schrieb, standen sich in der Suezkrise Ägypten auf der einen Seite und Frankreich, Großbritannien sowie Israel auf der anderen Seite feindlich gegenüber.

Man begann, einen unregelmäßigen Briefkontakt[131] aufzunehmen. Der Hintergrund war, dass die *United Restitution Organization* (U.R.O.) den Überlebenden der Shoah Hilfe anbot, ihre Forderungen gegenüber der Bundesrepublik Deutschland durchzusetzen: Im Luxemburger Abkommen von 1952, das englisch viel treffender *Reparation Agreement between Israel and West Germany* genannt wird, war festgelegt worden, dass die Bundesrepublik dem jungen Staat Israel nicht nur bei der Eingliederung mittelloser jüdischer Flüchtlinge helfen, sondern auch Vermögenswerte zurückerstatten sollte. Das in Israel als »Blutgeld« umstrittene Abkommen weckte in Zeev Walter Samosch, der in äußerst bescheidenen Verhältnissen lebte, die Hoffnung, sein Erbe des Familienunternehmens N. Samosch doch noch antreten zu können.

Briefe 1956–1965

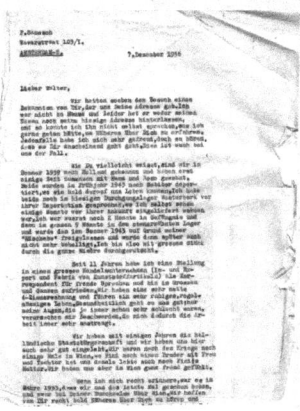

35 | Erster Brief von Fritz Heinrich Samosch in den Niederlanden an Walter Samosch in Israel nach dem Zweiten Weltkrieg, Amsterdam 07.12.1956

F. Samosch
Waverstraat 103/I.
Amsterdam-Z.

7. Dezember 1956

Lieber Walter,

Wir hatten soeben den Besuch eines Bekannten von Dir, der uns Deine Adresse gab. Ich war nicht zu Hause und leider hat er weder seinen Namen noch seine hiesige Adresse hinterlassen, und so konnte ich ihn nicht selbst sprechen, was ich gerne getan hätte, um Näheres über Dich zu erfahren. Jedenfalls habe ich mich sehr gefreut, doch zu hören, dass es Dir anscheinend gut geht. Dies ist auch bei uns der Fall.

Wie Du vielleicht weißt, sind wir im Sommer 1939 nach Holland gekommen und haben erst einige Zeit zusammen mit Hans und Rose gewohnt. Beide wurden im Frühjahr 1943 nach Sobibór deportiert, wo beide bald darauf ums Leben kamen. Ich habe beide noch im hiesigen Durchgangslager Westerbork vor ihrer Deportation gesprochen, wo ich selbst schon einige Monate vor ihrer Ankunft eingeliefert worden war. Ich war zuerst noch 2 Monate im Gefängnis und dann im ganzen 9 Monate in dem obererwähnten Lager und wurde dann im Sommer 1943 auf Grund meiner »Mischehe« freigelassen und wurde dann später auch nicht mehr behelligt. Ich bin also mit großem Glück durch die ganze Misere durchgerutscht.

Seit 11 Jahren habe ich eine Stellung in einem großen Handelsunternehmen (Im- und Export und Fabrik von Kunststoffartikeln) als Korrespondent für fremde Sprachen und bin im Großen und Ganzen zufrieden. Wir haben eine sehr nette 4-Zimmerwohnung und führen ein sehr ruhiges, regelmäßiges Leben. Gesundheitlich geht es uns gut; nur meine Augen, die ja immer schon sehr schlecht waren, verursachen mir Beschwerden, da mich dadurch die Arbeit immer sehr anstrengt.

Wir haben seit einigen Jahren die holländische Staatsbürgerschaft und wir haben uns hier auch sehr gut eingelebt. Wir waren nach dem Kriege noch einige Male in Wien, wo Fini noch einen Bruder mit Frau und Tochter hat und damals lebte auch noch Finis Mutter. Wir haben uns aber in Wien ganz fremd gefühlt.

Wenn ich mich recht erinnere, war es im Jahre 1933, dass wir uns das letzte Mal gesehen haben, und zwar bei Deiner Durchreise über Wien. Wir hoffen von Dir recht bald Näheres über Dich zu hören und (...)

[Der Schluss des Briefes, der nur als Durchschlag von Fritz Samosch erhalten ist, ging verloren].

36 | Erster Brief von Walter Samosch in Israel an Fritz Heinrich Samosch in den Niederlanden nach dem Zweiten Weltkrieg, 15.12.1956

Lieber Fritz, liebe Fini,

die größte Freude seit vielen Jahren ist Euer Brief (7.XII.). Seit Jahren habe ich versucht, irgendwie irgendetwas über Hans, Rose und Euch und Euer Schicksal zu erfahren. Bei Erhalt Eures Briefes war ich derart überrascht und erregt, dass ich mehrere Tage mich gar nicht beruhigen konnte und ich versuche jetzt, mich soweit zu konzentrieren, um Euch zu schreiben. Sicher könnt Ihr verstehen, was es für mich bedeutet, nach so vielen Jahren, in denen ich mich für den einzigen Überlebenden unserer Familie gehalten habe, plötzlich zu wissen, dass Ihr existiert und dass es Euch gut geht. Leider hat sich meine Vermutung, dass Hans und Rose umgekommen sind, bewahrheitet (wie ich von Euch höre). Wenn es möglich ist, bitte ich Euch, mir eine amtliche Bestätigung über ihre Vernichtung durch die Nazis zu verschaffen (mit Angabe von Datum und Ort). Ich benötige dies für die Eingabe meiner Forderung an die deutsche Regierung auf Erbschaft der Buchhandlung in Breslau. Nach dem neuesten Gesetz zahlt West-Deutschland auch für Ost-Deutschland. Aufgrund eines Abkommens zwischen Deutschland und Israel kann ich als Israel-Bürger diese Forderung stellen und außerdem Anspruch auf Berufs-Entschädigung erheben. Könnt Ihr mir genaue (oder ungefähre Angaben machen über die Buchhandlung: Verkauf, wann, an wen, Vertrag, Bedingungen, Preis, Beschlagnahme, Enteignung etc.? Sind in Euren Händen irgendwelche Unterlagen und Papiere von Hans: Vertrag, Testament von Tante Rosalie? – All diese Dinge sind für mich von ausschlaggebender Bedeutung.

Eine zweite Frage: Wisst Ihr irgend etwas über das Schicksal meiner Mutter (Else Samosch, geb. Fränkel), ihre letzte Adresse in Breslau? Ist sie natürlichen Todes gestorben oder war sie im K.Z., wann und wo? Seit 1938 habe ich nichts mehr von ihr gehört. Falls ich irgend welche Unterlagen über sie in Händen habe, kann ich auch hier Zahlungs-Forderungen stellen. Es genügen in all diesen Dingen auch eidesstattliche Zeugen-Erklärungen. – Ich bin Euch sehr dankbar, wenn Ihr in diesen Angelegenheiten tun könnt, was irgend möglich ist, und mich über jede kleinste Kleinigkeit immer schnellstens informiert.

Und jetzt von mir persönlich: Ich habe vor 8 Jahren geheiratet. Meine Frau stammt aus Rumänien. Aus ihrer ersten Ehe hat sie 2 Kinder mitgebracht. Die Tochter (heute 22 Jahre) ist seit 1 Jahr verheiratet und lebt in Haifa. Der Sohn (heute 20 Jahre) ist z. Z. in der Armee. In ca. 1 ¼ Jahr kommt er nach Hause. Den Kampf im Sinai hat er bei der Artillerie mitgemacht. Er war bis 15 km vor dem Suez-Kanal. – Beide Kinder lieben mich und ich sie wie der wirkliche Vater. –

Nach meiner Einwanderung hierher war ich in den ersten 15 Jahren teils Mitglied kollektiver landwirtschaftlicher Siedlungen und teils landwirtschaftlicher Lohn-Arbeiter. Seit meiner Verheiratung habe ich von der Jewish-Agency eine kleine Landwirtschaft von 25 Dunam Boden (1 Dunam = 1000 Quadrat-Meter) mit Bewässerungs-Anlage. Davon sind ca. 10 Dunam Orangen-Bäume, die in ca. 4–6 Jahren anfangen werden, Frucht zu tragen und Einnahmen zu geben. 4 Dunem sind Getreide-Boden, die in diesem Jahr Bewässerungs-Anlage bekommen, sodass sie auch für intensive Bearbeitung in Frage kommen werden. Den Rest des Bodens bearbeite ich mit Gemüse und Erdbeeren. Ansonsten habe ich eine kleine Hühner-Wirtschaft von ca. 400 Lege-Hennen. Daneben mache ich Aufzucht von Eintags-Kücken [sic!], die mit 3 Monaten als Fleisch verkauft werden. Für eigenen Milch-Konsum habe ich 2 Ziegen. – Die Arbeit ist wirklich schwer, und für mich in meinem Alter nach fast 23 Jahren ununterbrochener schwerer physischer Arbeit ist es keine Kleinigkeit, ein Minimum der Existenz zu sichern. Dazu kommt, dass z. Z. eine schwere Krise in der Landwirtschaft im ganzen Lande herrscht. Ich will nicht sagen, dass es mir schlecht geht, aber mitsamt meinen guten landwirtschaftlichen Fach-Kenntnissen habe ich ein sehr schweres Durchkommen. Die Situation ist im ganzen Dorf (Cherew-Le'et) bei jedem Siedler fast die gleiche. Das Einzige, was mich von den anderen unterscheidet, ist, dass jeder andere eine Hilfe hat durch Verwandte im Lande oder im Ausland, die ihm finanziell zur Seite stehen, während ich einzig und allein auf meine 10 Finger angewiesen bin. Wenn es mir gelingt, noch einige Jahre mehr oder weniger durchzuhalten, so hoffe ich, wenn der Junge vom Militär nach Hause kommt, dass dann meine Situation besser und vielleicht gut sein wird.

Zum Schluss dieser langen Epistel will ich Euch noch sagen, dass wenn ich so könnte, wie ich wollte, möchte ich am liebsten sofort per Flugzeug zu Euch kommen. Vielleicht habt Ihr einen gleichen Gedanken nur mit umgekehrter geographischer Richtung?

Schreibt mir bitte recht bald.

Viele herzliche Grüße, auch von

meiner Frau, von Haus zu Haus

Euer

Walter

14. Januar 1957

Lieber Walter,

Ich danke Dir vielmals für Deinen ausführlichen Brief vom 15.12., auf Grund dessen ich mir ein Bild von Deinem Leben machen kann. Du musst entschuldigen, dass ich Dir erst heute antworte, aber ich bin chronisch schreibfaul, was z. Teil darauf zurückzuführen ist, dass ich den größten Teil des Tages an der Schreibmaschine sitze und ich habe dann natürlich nicht mehr viel Lust zum Schreiben von Privatbriefen. Ich bitte Dich also es nicht als Mangel an Interesse aufzufassen, wenn ich Dir nicht allzu oft schreibe.

Ich schicke Dir mit gleicher Post als Drucksache das Exemplar des holländischen Staatsgesetzblattes (No. 230 vom 24.11.1949), das eine der s. Zt. fast täglich erscheinenden Listen von als offiziell tot erklärten deportierten Juden enthält; auf dieser Liste erscheinen die Namen von Hans und Rose (diese unter ihrem Mädchennamen Bial). Die Abkürzung »S« bedeutet, dass die Betreffenden in Sobibór umgekommen sind. Ferner lege ich dieser Liste eine Abschrift des Testaments von Tante Rosalie bei, aus dem hervorgeht, dass wir 3 Neffen s. Zt. als Erben des Geschäfts eingesetzt waren. Dies sind die einzigen Unterlagen, die ich habe, die Dir vielleicht bei Deiner Anfrage um Entschädigung helfen könnten. Ich habe mich bisher vergeblich um eine solche Entschädigung bemüht; ich falle eigentlich nicht unter das betr. Gesetz, da ich meinen Wohnsitz in Österreich hatte und nicht im jetzigen Bundesgebiet. Was das Geschäft in Breslau betrifft, so musste dies 1936 oder 1937 »verkauft« werden, d.h. es wurde an den Angestellten H. P. für so weit ich mich erinnern kann 8.000 Mark verschleudert. Von diesem Betrage mussten noch Schulden bezahlt werden und den Rest hat Hans verbraucht und damit z. Teil seine Auswanderung finanziert. Ich habe jedenfalls niemals einen Pfennig gesehen. Hans hatte dann in Amsterdam ein kleines Antiquariat, dass 1942 unter denselben Umständen »verkauft« wurde. Er versuchte dann 1943 mit Rose unterzutauchen, wurde aber erwischt, verbrachte einige Zeit im K.Z. Vught und wurde dann mit Rose deportiert. Soweit mir bekannt ist, wurde sein äußerst bescheidener

Besitz wie von allen Deportierten beschlagnahmt. Von Deiner Mutter habe ich die letzte Nachricht wie ich glaube etwa 1941 oder 1942 gesehen; über ihr Schicksal ist mir nicht das Geringste bekannt. Ihre letzte Adresse in Breslau weiß ich nicht mehr. Um nochmals auf die Buchhandlung zurückzukommen: Der Verkaufswert unter normalen Umständen wäre meiner Meinung nach mindestens 30.000 Mark gewesen. Es tut mir leid, dass ich Dir nicht mehr Angaben machen kann, aber vielleicht hilft es doch etwas und ich bitte Dich jedenfalls mich auf dem Laufenden zu halten; vielleicht ergibt sich auch noch für mich Gelegenheit, Ersatzansprüche wegen der Buchhandlung zu stellen.

[Der Schluss des Briefes, der nur als Durchschlag von Fritz Samosch erhalten ist, ging verloren].

Briefe 1958

Über ein Jahr war der Briefkontakt zwischen Walter und Fritz unterbrochen. Ein Brief wurde später zwar als verloren erwähnt, doch spielten wohl auch grundsätzlich charakterliche Unterschiede eine Rolle. Man hatte sich zudem auseinandergelebt, entfremdet. Der Kampf um »Lastenausgleich« für den von den Nazis geraubten Familienbesitz wurde vor allem von Zeev Walter Samosch geführt. Für ihn verbanden sich mit der finanziellen Abfindung – er trat auch als Erbe von Hans auf – große Hoffnungen, in seinem harten Alltag im Israel der 50er-Jahre etwas Erleichterung zu finden.

So kreisten seine Gedanken, wenn er Fritz schrieb, vor allem um Hilfen, die der Cousin ihm bei der Dokumentation des entwendeten Besitzes geben sollte. Die seelischen Verletzungen, die Walter und Fritz mit sich herumtrugen, ließen sich aber doch bei aller Sachlichkeit und Geschäftsmäßigkeit im Ton der Briefe nicht verdrängen.

37 | Brief von Walter Samosch, Israel,
an Fritz Samosch, Niederlande

Zeev Samosch
Cherew-Le-et
Near Chederah
Post KFAR H. HAROEH

12.X.'58

Lieber Fritz!
Eine gute Veranlassung, Dir zu schreiben, dass ich mich an Deinen
Geburtstag (16. X.) erinnert habe.
Herzliche Gratulation
von
Kecker Wecker
Erinnerst Du Dich noch an diese Karte?
Bei dieser Gelegenheit teile ich Dir mit, dass ich in Angelegenheit
der Buchhandlung bei der U.R.O. meine Forderungen eingereicht
habe. Es würde mir sehr viel helfen, oder, richtiger gesagt, es ist
eine vielleicht entscheidende Sache, wenn Du mir eine notariel-
le eidesstattliche Erklärung Deinerseits einsenden kannst, aus der
hervorgeht, dass Hans ausgesagt hat, dass er die Buchhandlung
(N. SAMOSCH) für ca. 8000,- Mark auf Grund von Druck der
Nazis verschleudern musste, anstatt eines Kaufvertrages, der vor
der Unterzeichnung stand, im Wert von 35.000 Mark. Wenn Du in
gleicher Form mir eine Erklärung über seinen Privat-Besitz in Breslau
(Wohnung, Möbel etc.) mit Wertangabe einsenden wolltest, wäre

auch dies sehr gut. Desgleichen wäre es gut, wenn Du eine gleiche gesonderte Erklärung abgeben kannst über das Geschäft und die Wohnung von Hans in Holland (mit Adressen) und ihren Wert.

Mein nächster Termin bei der U.R.O. ist am 11.XI,'58. Vielleicht kann Deine Antwort bis zu diesem Datum in meinen Händen sein (wenn möglich in deutscher Sprache.). Wenn in holländischer Sprache, so kann ich mir bei dem hiesigen Konsul die deutsche Übersetzung verschaffen.

Ich wünsche Dir u. Fini alles Gute.

Besteht vielleicht die Möglichkeit, mich zu besuchen?

Herzliche Grüße, Dein Vetter

Walter

F. Samosch
Waverstraat 103/I.
Amsterdam-Z.

20. Oktober 1958

Lieber Walter,

Ich erhielt Deinen Brief vom 12. ds. [des Monats] und danke Dir für Deine Wünsche zu meinem Geburtstag. Auch Du hattest ja in diesem Monat Geburtstag und ich wünsche auch Dir nachträglich alles Gute.

Was nun den Hauptinhalt Deines Briefes betrifft, so bin ich bereit eine vom hiesigen Konsulat beglaubigte eidesstattliche Erklärung über die Buchhandlung abzugeben. Ich sende Dir in der Anlage einen Entwurf und bitte Dich um Mitteilung, ob Du damit einverstanden bist. Nach Informationen, die ich hier erhielt, genügt für Deine Zwecke eine vom deutschen Konsulat beglaubigte Erklärung. Eine notarielle Erklärung kostet ziemlich viel Geld und Zeit und das Konsulat berechnet nichts. Was mich begreiflicherweise sehr interessiert, ist die Frage, wie es mit meinem Drittelanteil an der Buchhandlung steht. Wie ich Dir bereits in meinem letzten Brief vom Januar 1957 (der übrigens niemals von Dir bestätigt wurde und ich daher auch nicht weiß, ob Du die Unterlagen – Staatsgesetzblatt etc. – erhalten hast) geschrieben habe, habe ich keinerlei Möglichkeit, irgendwelche Ersatzansprüche zu stellen, weder für die Buchhandlung, noch für den in Wien erlittenen Schaden und so nehme ich an, dass Du für die Buchhandlung den Gesamtwert fordern wirst und mir dann bei Erfolg meinen Anteil zukommen lassen wirst. Ich bitte Dich, mir dies zu bestätigen.

Wie ich Dir ebenfalls bereits geschrieben habe, hat Hans den Erlös von Mark 8.000,- zur Gänze für sich verwendet und was seine Möbel in Breslau betrifft, so weiß ich darüber nichts. Ich glaube nicht, das [sic!] er welche gehabt hat, da er ja in der Wohnung von Tante Rosalie gewohnt hat und deren Möbel benützt hat, die dann von Deiner Mutter übernommen wurden. Was das mehr als bescheidene Geschäft in Amsterdam (Spuistraat 310) betrifft, so weiß ich nicht, was Hans dafür bekommen hat; viel kann es keinesfalls gewesen sein und die Möbel, die er hier hatte, waren vollkommen wertlos. Es ging ihm ja in Holland nie gut und in der Nazizeit sehr schlecht, so dass er noch Schulden hinterließ, die man bei mir nach dem Kriege noch einkassieren wollte.

Es tut mir leid, Dir nicht mit mehr Angaben dienen zu können, aber hoffentlich schaut wenigstens für die Buchhandlung in Breslau etwas heraus.

Mit vielen herzlichen Grüßen,
auch an Deine Familie, verbleibe ich,

Dein Fritz

P.S.: Ein Besuch bei Dir ist vollkommen ausgeschlossen, da ich hierfür nicht die Mittel habe. Ich muss mich jedes Jahr mit einem Urlaub in Holland begnügen.

Eidesstattliche Erklärung

Ich, der unterzeichnete, Fritz Heinrich Samosch, wohnhaft Waverstraat 103, Amsterdam-Z., versichere in Kenntnis der Bedeutung einer eidesstattlichen Versicherung und in Kenntnis der Strafbarkeit einer wissentlich oder fahrlässig falschen Abgabe einer eidesstattlichen Versicherung nach deutschen Gesetzen und gegebenenfalls nach Gesetzen des Aufenthaltslandes hiermit an Eides statt:

Auf Grund eines Testamentes meiner Tante, Rosalie Samosch, verstorben zu Breslau im Jahre 1934, war ich zusammen mit meinen Vettern Walter Samosch, geboren zu Breslau, wohnhaft in Israel, und dessen Bruder, Hans Samosch, geboren zu Breslau, verstorben 1943 zu Sobibór, Erbe der Buchhandlung und Antiquariat, Firma Samosch, Breslau, Kupferschmiedestraße 13 und Schuhbrücke 27. Jeder der drei Erben erhielt einen Anteil von je einem Drittel. Mein Vetter Hans Samosch hat das Geschäft in Breslau geführt.

Im Zusammenhang mit den nationalsozialistischen Maßnahmen war mein Vetter Hans Samosch gezwungen, in Verkaufsverhandlungen einzutreten. Als Käufer trat ein Angestellter der Firma namens H. P. auf, der den Wert des Geschäfts genau kannte. Unter der herrschenden Zwangslage wollte er nicht mehr als Rmark 35.000,- zahlen. Mein Vetter Hans Samosch schilderte mir die Lage und erhielt mein Einverständnis, zu dem genannten Preise zu verkaufen. Durch Einmengung der nationalsozialistischen Behörden in die schwierigen Verkaufsverhandlungen wurde der Preis auf Rmark 8.000,- gedrückt, der dann unter Druck akzeptiert werden musste. Dieser Verkauf fand 1936 oder 1937, soweit ich mich erinnern kann in letzterem Jahre, statt.

Mein Vetter Hans Samosch wanderte dann nach dem Verkauf des Geschäfts nach Wien aus, wo ich wohnte, und nach der Besetzung Österreichs weiter nach Holland.

Ich selbst bin mit meiner Frau im Jahre 1939 nach Holland ausgewandert.

Die ganze Angelegenheit des Geschäftsverkaufs habe ich außer durch Briefwechsel mit meinem Vetter Hans und später durch mündliche Mitteilungen von ihm während unserer gemeinsamen Lebenszeit in Wien und Holland erfahren, und auch durch gelegentliche Mitteilungen von meiner Tante, Frau Else Samosch, der Mutter meiner beiden Vettern. An die einzelnen Details kann ich mich jedoch nicht mehr genau erinnern.

Mein Vetter Hans Samosch und dessen Ehefrau Rose, geb. Bial, wurden im Jahre 1943 aus Holland deportiert und kamen im Lager Sobibór um. Diese Ehe war kinderlos.

Lieber Fritz!

Vielen Dank für Deinen Brief vom 20.X. mit Deinen Geburtstags-Wünschen. Wie ich aus Deinem Brief ersehe, hast Du meine Antwort auf Euren Brief vom 14.I.57 nicht erhalten, worin ich Dir auch den Erhalt des holländischen Staatsgesetzesblattes und der Testaments-Kopie bestätigte. (Ich kann mich heute erinnern, dass ich meinen Brief nicht selbst expedierte, sondern ihn einem Bekannten zur Absendung bei der Post mitgab).

Und jetzt zur Sache der Buchhandlung:

In Deinem Brief vom 14.I.57 schriebst Du:

»Vielleicht ergibt sich auch noch für mich Gelegenheit, Ersatzansprüche wegen der Buchhandlung zu stellen, weder für die Buchhandlung noch für den in Wien erlittenen Schaden ...«.

In Deinem Brief vom 20.X.58 schriebst Du:

»Wie ich Dir bereits mit meinem Brief vom Januar 1957 geschrieben habe, habe ich keine Möglichkeit, irgendwelche Ersatz-Ansprüche zu stellen, weder für die Buchhandlung noch für den in Wien erlittenen Schaden.«

Der Widerspruch zwischen Deinen beiden Briefen ist mir unverständlich. Welches ist die Grundlage einerseits für Deine Meinung »keinerlei Möglichkeit« und andererseits für Deine Hoffnung »vielleicht doch noch«?

Meine Angelegenheit wird in Israel von der
UNITED RESTITUTION ORGANISATION
(U.R.O.)
bearbeitet. Ich stelle 2 Forderungen.

Berufs-Entschädigung (auf Grund meiner Tätigkeit in Deutschland als Kaufm. Angestellter). Dies hat mit der Buchhandlung nichts zu tun.

Erbanspruch nach meinem umgekommenen Bruder Hans Samosch. Bevor ich Dir jetzt nachstehend über meine hiesigen Akten bei der U.R.O. berichte, will ich Dich auf eines aufmerksam machen. Nach meinen Informationen besteht auch in Holland (vielleicht in

Amsterdam) ein Büro der U.R.O. Falls Du es noch nicht getan hast, solltest Du Dich sofort in Verbindung setzen und Dich genau beraten. Ich habe eine absolut nicht sichere Information, nach der [...] auch für Nazi-Schäden in Österreich zu zahlen bereit ist. Sehr wichtig ist es natürlich, dass Du mir sofort über das Ergebnis. »nein« oder »ja« oder »wie« genau berichtest mit Angabe der Begründung (Staats-Gesetz Deutschland, Österreich, Holland). Und jetzt drei Fragen, deren Beantwortung für mich wichtig ist, um feststellen zu können, ob und was ich von hier aus für Dich tun kann.

Welches war Deine Staatsbürgerschaft in Wien?
Deutsch oder Österreichisch?
Hast Du Deine alte Staatsbürgerschaft selbst aufgegeben
oder bist Du ausgebürgert worden?
Bist Du Jude oder Christ (Arier) nach österreichischem, deutschem, holländischem Gesetz?

Und jetzt über meine Akten betreffend die Buchhandlung.
Ich habe am 23.9.58 bei der U.R.O. eine eidesstattliche Erklärung abgegeben, in der u. a. folgendes steht:
»Wie ich bereits am 8.XI.56 eidesstattlich versichert habe, hatte meine Tante Rosalie in Breslau ein Antiquariat und eine Buchhandlung. Es waren zwei Geschäfts-Räume, und zwar eines in der Kupferschmiede-straße 13 und eines an der Schuhbrücke 27. Meine Tante Rosalie Samosch verstarb am 15.XII.1934. [Rosalie Samosch verstarb tatsächlich am 25.12.1934, s. Endnote 21] in Breslau. In einem vor dem Notar Dr. A. Schönfeld abgegebenen Testament vom 4.XII.30 wurden

> mein Bruder Hans Samosch
> mein Vetter Fritz Samosch, heute in Amsterdam
> und ich Walter Samosch

zu gleichen Teilen als Erben eingesetzt, und zwar für die Buchhandlung und das Antiquariat. Ich besitze noch eine Abschrift des Testaments, welche allerdings nicht beglaubigt ist, und welche ich in Foto-Copy vorlege.

»Nachdem meine Tante in Breslau gestorben war, übernahm die Führung der Firma mein Bruder Hans Samosch, während ich selbst und mein Vetter nicht im Geschäft arbeiteten. Was mein Bruder während dieser Zeit verdiente kann ich nicht angeben; ich selbst habe jedenfalls als Mitinhaber keine Bezüge gehabt.

Etwa im Jahr 1936 oder 1937 [1937, s. Endnote 20] verkaufte mein Bruder aus national-sozialistischen Verfolgungs-Gründen das Geschäft an seinen damaligen Angestellten H. P. Er soll dafür insgesamt RM 8000,- erhalten haben, während der wirkliche Wert mindestens RM 30.000,- betragen hat. Herr P. soll die Absicht gehabt haben eine weitaus höhere Summe als 8000,- Mark zu zahlen. Der Verkaufs-Preis wurde aber von national-sozialistischer Seite aus nicht bewilligt, sodass es bei dem Preis von RM 8000,- blieb. In diesem Preis war ganz bestimmt nicht der Goodwill-Gedanke enthalten. Das Geschäft bestand seit vielen Jahrzehnten, war sehr gut eingeführt und war eines der führenden Geschäfte Breslaus im Buchhandel.

Nachdem und gezwungenermaßen das Geschäft aufgegeben [werden, d. Verf.] musste, wanderte mein Bruder nach Österreich aus, von dort aus im Jahr 1939 [1938, d. Verf.] nach Holland, wo er im Halfweg bei Amsterdam, Sparendamerweg ansässig war. Im Jahr 1943 wurde er von Holland nach dem Osten deportiert, und seitdem habe ich nichts mehr von ihm gehört. In dem Holländischen Amtsblatt, Ministerium van Justitie vom 24.XI.49 ist mein Bruder Hans Samosch, geboren am 14.X.1904 als von Holland aus deportiert verzeichnet. Jedenfalls habe ich nach Kriegsende nichts mehr gehört, und es ist mit Sicherheit anzunehmen, dass er leider nicht mehr am Leben ist.

Was mit der Wohnung meines Bruders Hans Samosch sowie mit seinem übrigen Vermögen geschehen ist, kann ich nicht angeben.«
Bis hierher meine eidesstattliche Erklärung.
Inzwischen habe ich mir eine Bestätigung vom Consulat der Niederlande in Tel Aviv geben lassen folgenden Inhalts:
Der Unterzeichnete, Sally Leonard de Beer, amtierender Konsul der Niederlande in Tel Aviv, bestätigt hierdurch, dass im Staatsblatt der Niederlande, Regierung vom Donnerstag den 24. November 1949,

no 230 folgende zwei Meldungen vorkommen:
13627 BIAL ROSE, 25. OCT. 1910, BERNSTADT (D). WON.ASD.
21 MAT 1943.569 Samosch H 14106 SAMOSCH, 14.OCT 1904,
BRESLAU (D) WON.ASD.14.Mai1943 S.
Die Bedeutung dieser Meldungen ist:
13627 Bial Rose geboren am 25. Oktober 1910 in Bernstadt
(Deutschland) zuletzt bekannter Wohnsitz Amsterdam, gestorben
am 21. Mai 1943 in Sobibor (Polen)
Zuletzt verheiratet mit Samosch H.
14106 Samosch Hans geboren 14. Oktober 1904 in Breslau
(Deutschland) Zuletzt bekannte Wohnung Amsterdam, gestorben
am 14. Mai 1943 in Sobibor (Polen)

Tel Aviv 25. September 1958
Amts-Siegel
Der amtierende Konsul
Unterschrift

Meine eidesstattliche Erklärung hat folgenden Zweck.

Das Geschäft der Tante ist an 3 Neffen
vererbt worden. Die Geschäfts-Führung
hat in den Händen des in Deutschland
ansässigen Erben gelegen (die 2 anderen
waren im Ausland).
das Geschäft ist unter national-sozialistischem
Zwang verschleudert worden, wobei die
Verschleuderung nachzuweisen ist.
Ich bin der Erbe meines Bruders,
dessen Tod ich nachweise.

Wenn Du meine eidesstattliche Erklärung genau durchliest, so ersiehst Du daraus, dass sie (mit gewisser Absicht) nicht 100%
präzise gehalten ist. Es hat sich bei verschiedenen Fällen von Ent-
schädigungs-Forderungen herausgestellt, dass die deutschen

Behörden gegenüber genauen Angaben aus dem Gedächtnis des Antrag-Stellers, als Interessenten, die mehr oder weniger 20 Jahre zurückliegen, sehr skeptisch sind.

Nun jetzt betreffend Deine eidesstattliche Erklärung.

Ich hatte heute einen Termin bei der U.R.O. zusammen mit einem Zeugen (damals in Breslau) betreffs der Buchhandlung. Deine eidesstattliche Erklärung ist notwendig, und zwar etwa folgendermaßen: Deine eidesstattliche Erklärung vor dem deutschen Konsul ist in Ordnung.

Du erklärst an Eides statt:

dass Du mit Deinen beiden Vettern (der der) die Buchhandlung geerbt hast ⅓ ⅓ ⅓ dass Dein Vetter Hans Samosch in Breslau in dem Geschäft als Geschäfts-Führer gearbeitet hat

dass Dein Vetter H.S. infolge der innenpolitischen Lage in Deutschland (National-Sozialismus) gezwungen war, in Verkaufs-Verhandlungen zu treten. Der Käufer war einer der Angestellten der Firma, der den wirklichen Wert des Geschäftes gut kannte. Sein Name ist, soweit Du Dich erinnerst, H.P. [...] Infolge der Zwangslage der Juden wollte er nicht mehr als 35.000,- Rmark zahlen. Dein Vetter H.S. hat aber die Lage gewußt und Dein Einverständnis erhalten, zu dem von Herrn P. gebotenen dann auch gedrückten Preis zu verkaufen. Die bisherigen Verhandlungen wurden plötzlich von den national-sozialistischen Behörden mit einem Zwangs-Verkauf zu einem Preis von 8000,- RM beendet. – Wenn Du das Verkaufs-Jahr genau und sicher weißt, so gib es an. Wenn Du im Zweifel bist, so gib an »soweit ich mich erinnere, war das Jahr sowieso«. (Wann ist Hans nach Wien gekommen?)

dass Dein Vetter H.S. nach dem »Verkauf« des Geschäftes nach Wien kam, und dort versuchte sich recht oder schlecht über Wasser zu halten.

dass Du und Deine Frau. sowie auch Hans mit seiner Frau Rose wegen der inzwischen auch in Österreich einsetzenden Verhältnisse nach Holland gegangen sind.

dass Du die ganze Angelegenheit immer im seinerzeitigen Briefwechsel mit Hans, sowohl während Eurer gemeinsamen Lebenszeit mit Hans und Rose in Wien und später in Amsterdam von ihm in vielen Einzelheiten, an die Du Dich nicht mehr in ihren Details erinnern kannst, erfahren hast, wie auch [bei, d. Verf.] späterer Gelegenheit von Deiner Tante Else Samosch, der Mutter Deiner beiden Vetter Walter und Hans, davon berichtet bekommen hast.

dass Dein Vetter H.S. mit seine[r] Frau – Kinder haben sie nicht gehabt – von den Nazis »abgeholt« wurden und im Jahre 1943 im KZ Sobibor umgekommen sind.

Nun noch eine Sache wegen der Copy des Testaments. Besitzt Du außer dem mir eingesandten Formular ein Original-Testament oder eine beglaubigte Copy von Abschrift.

Zum Schluss nochmals:

Setzte Dich schnellstens mit der U.R.O. in Verbindung und gib mir so bald als möglich Antwort, was Du erfahren hast, und beantworte mir auch schnellstens meine Fragen dieses Briefes. Ich meinerseits werde mich weiterhin bemühen auch hier Erkundigungen einzuziehen und zu tun, was ich nur kann. Es ist selbstverständlich, falls ich was für Dich herausholen kann, werde ich Dir dies dann sofort zukommen lassen.

Ganz herzliche Grüße
von Haus zu Haus,
Dein Walter

Fritz Samosch

21. November 1958

Waverstraat 103/I.
AMSTERDAM-Z.

Lieber Walter,
vielen Dank für Deinen Brief vom 11. ds. [des Monats] Nachstehend
will ich der Reihe nach Deine diversen Fragen beantworten. Was den
von Dir erwähnten »Widerspruch« betrifft, so will ich bemerken, dass
ich seit zirka 2 Jahren auf Vermittlung eines hiesigen Anwalts bisher
vergebliche Versuche gemacht habe, auf irgendeinem Wege etwas
für erlittenen Gesundheitsschaden, Haft- und Berufsschaden heraus-
zuholen. Wie gesagt, bisher vergeblich, aber ich habe die Hoffnung
noch nicht ganz aufgegeben, zumal in der letzten Zeit davon die
Rede war, das[s] Deutschland auch an Geschädigte in durch die
Nazis im Kriege besetzten Gebieten etwas zahlen sollen [sic!]. Allerdings sollen darüber erst noch Unterhandlungen stattfinden und
das kann natürlich sehr lange dauern. Der springende Punkt bei mir
ist ja, dass ich niemals in Deutschland einen festen Wohnsitz hatte
und daher nicht unter das Entschädigungsgesetz falle, und Österreich zahlt nichts für die obenerwähnten Schäden.

Die U.R.O. ist in Holland nicht vertreten (das nächste Büro wäre in
Frankfurt a. Main, Friedrichstraße 29), aber es hat nach erhaltenen
Auskünften keinen Zweck, dass ich mich dorthin wende, zumal ich
ja bereits von hier durch einen Anwalt vertreten bin. Nun zu meiner Staatsbürgerschaft: Von meiner Geburt an bis zur allgemeinen
Ausbürgerung der Juden im Jahre 1941 oder 1942 war ich Reichs-
deutscher, von da an bis 1948 war ich staatenlos, von da an bis
1954 hatte ich die österreichische Staatsbürgerschaft und seit 1954
habe ich die holländische. – Wie Du vielleicht wissen wirst, bin ich
seit meiner Geburt getauft (protestantisch) und galt daher unter
den Nazigesetzen als »Jude«. – Der Ordnung halber möchte ich

bemerken, dass Hans im Februar 1938 (und nicht 1939 wie von Dir angegeben) nach Wien kam, und dass er dann im März 1938 nach Holland weiterging, während Fini und ich erst im Juli 1939 nach Holland auswanderten. – Von dem Testament von Tante Rosalie habe ich das Original niemals gesehen und habe auch niemals eine beglaubigte Abschrift davon besessen. Ich habe nur eine gewöhnliche Abschrift, von der ich Dir ja eine Kopie geschickt habe. – Ich habe noch eine Seite aus dem »Buchhändler-Börsenblatt« gefunden, auf dem die Geschäftsübernahme durch P. steht. Ich schicke Dir davon in der Anlage eine beglaubigte Fotokopie; vielleicht kann Dir dies nützen. – Ferner schicke ich Dir in der Anlage die gewünschte eidesstattliche Erklärung. – Ich danke Dir sehr für Deine Bereitwilligkeit, mir bei Erfolg Deiner Bemühungen einen Teil zukommen zu lassen. Angeblich sollen ja alle Ersatzansprüche gegen Deutschland spätestens 1960 abgewickelt werden. – Ich besitze noch eine Fotografie von der Hochzeit von Hans und falls Du diese nicht auch hast, will ich Dir diese gerne schicken.

In welcher Gegend Israels lebst Du eigentlich? Ich konnte den Ort auf keiner Landkarte finden. Bist Du in der Nähe einer Grenze und dadurch besonders gefährdet?
Ich hoffe bald wieder von Dir zu hören und verbleibe mit herzlichen Grüßen von uns Beiden, auch an Deine Familie,

Dein Fritz

2 Beilagen

Lieber Fritz!
Die in Deinem Brief (21.XI.) eingesandten Unterlagen,

Deine eidesstattliche Erklärung
Die Foto-Kopie aus dem Börsenblatt

habe ich sofort meinem Sachbearbeiter in der U.R.O. zugestellt.
Gleichzeitig mit meinem vorigen Brief an Dich (11.XI.) habe ich
nach Chicago geschrieben. Dort befindet sich ein ehemaliger Bekannter (Herbert Ehrlich) von mir aus der zionistischen Organisation
in Deutschland, der seinerzeit mit der Universitäts-Buchhandlung
Koebner in Breslau verbunden war (ich kann mich nicht mehr erinnern, ob er Inhaber oder Teilhaber oder sonst wie in leitender
Position war). Dieser Ehrlich ist Schwager eines guten Freundes von
mir von Deutschland und auch hier. Er schrieb ihm auf dessen Anfrage, dass ein Betrag von 30.000,- RM dem faktischen Wert der
Buchhandlung N. SAMOSCH entsprochen haben dürfte. Ich habe
ihn daher gebeten, mir eine dementsprechende eidesstattliche Erklärung einzusenden, die für die Bearbeitung meiner Sache bei der
U.R.O. auch wünschenswert ist. Inzwischen habe ich mich zufällig
erinnert, dass der Inhaber der Fa. TRIEBATSCH, Buchhandlung und
Lehrmittel in Breslau, ich glaube am Ring, in Jerusalem lebt. Er ist
ein alter Schulkamerad von mir. 12 Jahre haben wir gemeinsam
die Schulbank gedrückt. Ich habe vor kurzem beim Jerusalemer
Einwohnermeldeamt seine Adresse angefragt. Sobald ich sie bekomme, werde ich mich mit ihm in Verbindung setzen und von ihm
eine ähnliche eidesstattliche Erklärung erbitten. Ich habe in meinen
Angelegenheiten aber soviel Korrespondenz geführt, dass meine
Papiere ein nettes Bündel ausmachen. Eine Fotografie von der
Hochzeit von Hans besitze ich nicht. Wenn Du sie mir einschicken
willst, werde ich mich sehr freuen. Ich habe von ihm, Rose und von
meiner Mutter überhaupt keine Bilder. Falls sich also bei Dir etwas
davon befinden sollte, wäre ich Dir sehr dankbar, wenn Du es mir

zukommen lässt. Nicht weniger würde ich mich freuen, auch von Euch beiden, Fini und Du, Bilder zu bekommen, von jetzt, aber nicht nur von jetzt, sondern, wenn möglich, auch aus der Zeit, da Du soweit ich mich erinnere, das einzige Mal mit Fini in Breslau warst, und ansonsten aus dem Jahr 1933, wo wir uns das letzte Mal gesehen haben, am Bahnhof in Wien bei meiner Durchfahrt von Breslau nach Triest auf dem Wege hierher. Du hast mir damals eine Schachtel ausgezeichneter Zigaretten geschenkt. Ich kann mich nicht mehr erinnern, ob Du mit Fini oder allein am Zug warst. Bilder von anno dazumal möchte ich gern deswegen haben, um zu sehen, ob ich Dich und Fini so in Erinnerung habe, ob ich Euch so vor meinem geistigen Auge sah, wie Ihr wirklich ausgesehen habt. Ich erinnere mich nicht, ob ich Dir in meinem allerneuesten Brief vom November 1956 geschrieben habe, jedenfalls sage ich es Dir jetzt: Die größte Freude, und Du kannst Dir kaum vorstellen wie groß, war es für mich und ist es heute, nachdem ich mich seit vielen Jahren für den einzigen Überlebenden meiner Familie gehalten habe, plötzlich zu wissen: Der Fritz und die Fini sind da. Kannst Du Dich noch an »Kecker Wecker« erinnern, womit Du, als wir noch Kinder waren, mich aufgezogen hast?

Ich habe zusätzlich zu meinen Forderungen für Berufs-Entschädigung meine Forderung in puncto der Erbschaft noch außerdem die Möglichkeit um meine Aufbau-Anteile in Deutschland zu versuchen, auch das auf Grund eines Staatsvertrages Deutschland-Israel. Die Angelegenheit ist noch nicht ganz geklärt und klar, und ich beschäftige mich augenblicklich auch damit, ob es wie diese Angelegenheit zu lancieren. Wenn von all diesen Sachen etwas herauskommt und inzwischen auch mein Junge, der heute 22 Jahre alt ist, in meiner Wirtschaft festen Fuß gefasst hat (er ist bei mir seit einem Jahr; vorher war er 2 ½ Jahre beim Militär und davor war er ca. 8 Jahre in einer Landwirtschafts-Schule) so hoffe ich – jedenfalls steht es in meinem Plan – Euch zu besuchen. Ich hoffe, Ihr seid über diese Mitteilung nicht allzu sehr erschrocken.

Zu Deiner Frage, in welcher Gegend von Israel ich lebe, lege ich ein Karten-Verzeichnis bei, aus dem Du ersehen kannst, wo CHEDERAH liegt.

Ganz in der Nähe befindet sich CHEREW-LEET auf der Karte 4 bezeichnet:

Und nun noch eine persönliche Frage. Du schriebst in Deinem Brief »für erlittenen Gesundheitsschaden.« Was besagt dies über Deine und Finis Gesundheit?!! Deine in Deinem Brief vom Januar 57 erwähnte chronische Schreibfaulheit, die mir nebenbei gesagt von früher noch gut erinnerlich ist, ist immerhin erträglich. Ich habe Dir im ganzen einen Brief mehr geschrieben als Du mir, und dieser Brief ist bei Dir nicht angekommen. Was hast Du kritisiert dass Du in Deinem Beruf viel an der Schreibmaschine sitzt, und ich, dass ich auch immer durchschnittliche Arbeitstage von 12-14 Stunden im Winter, und im Sommer 14-17 Stunden wirklich angestrengt es auch bin. Aber gerade so wie heute Abend – morgen ist sogenannter Ruhetag, sogenannter, denn an diesem Tage habe ich nur mit dem lebenden Inventar zu tun, d. h. morgens 2 Stunden, mittags 1 Stunde und abends 2 Stunden – nehme ich mir die Zeit meine Episteln auch zu fabrizieren. Es ist inzwischen ½ 2 nachts geworden, und meine Hühner und Kälber müssen morgen früh spätestens bis 7 Uhr (und das mit Ruhetag-Verspätung) warten. Sodass ich meinen Brief mit der Hoffnung auf baldige Antwort und mit herzlichen Grüßen von Familie zu Familie,

Dein Walter

Anlage
Karten-Verzeichnis
8 Blätter

Fritz Samosch

16. Dezember 1958

Waverstraat 103/I.
AMSTERDAM-Z.

Lieber Walter,
vielen Dank für Deinen letzten Brief, aus dem ich mir ein genaueres Bild über Deine Arbeit machen kann. Du hast es sicherlich auch nicht leicht, aber ich glaube doch, dass Du von Deiner Arbeit mehr Befriedigung und mehr Freude an ihr hast, als dies bei mir der Fall ist. Ich darf mich natürlich nicht beklagen, denn ich muss totfroh sein, die Stellung erhalten zu haben, was bei meinem Alter gar nicht leicht war, und das Wichtigste dabei ist, dass ich mich ganz sicher fühlen kann, diese Stellung auch behalten zu können. Ich bin im Pensionsfonds der Firma und kann so bei Erreichung des 65. Lebensjahres (in 8 Jahren) mit einer wenn auch bescheidenen Pension rechnen, wozu dann noch die ebenfalls sehr bescheidene staatliche Altersrente kommt. Aber mit allem zusammen wird es schon irgendwie gehen. In diesem Zusammenhange komme ich auf Deine Frage betr. meinen Gesundheitszustand. Meine Nerven haben durch die Ereignisse seit 1938 sehr gelitten; am meisten leide ich aber durch meine schlechten Augen, die wie Du Dich vielleicht erinnern kannst, schon seit meiner Kindheit sehr schlecht waren, die aber im Laufe der Jahre noch viel schlechter geworden sind, so dass ich nur in Begleitung die Strasse betreten kann. Die Büroarbeit kann ich noch bewältigen, aber diese ist doch sehr anstrengend für meine Augen. – In der Anlage sende ich Dir einige Fotos, die ich noch gefunden habe. Die »Jugendbilder« von Fini und mir sind etwa 30 Jahre alt und das Bild von mir (beim »Schaffen«) ist zirka 5 Jahre alt. Bilder aus der letzten Zeit haben wir nicht. – Ich danke Dir auch noch für den kleinen Atlas von Israel, aus dem ich ersehen konnte, wo Du lebst. Zum Glück nicht in der Nähe einer Grenze. – Es wäre natürlich sehr nett, wenn Du uns einmal besuchen könntest,

und ich wünsche Dir schon aus diesem Grunde viel Erfolg mit Deinen Bemühungen. – Mit vielen herzlichen Grüßen von Haus zu Haus,

Dein Fritz

Lieber Walter,

Wir haben schon wieder lange nichts voneinander gehört, und da ich heute einen besonderen Anlass habe Dir zu schreiben, hoffe ich auch von Dir wieder etwas zu vernehmen. Wir sind vor kurzem von unserem Urlaub zurückgekehrt, den wir dieses Jahr in Österreich verbracht haben. Wir waren zuerst einige Tage in Wien und den Rest der Ferien waren wir im Gebirge, etwa 3 Stunden mit dem Autobus von Wien entfernt. Bei dieser Gelegenheit habe ich bei Fini's Familie, die noch verschiedene Dinge von uns aufbewahrt hatte, u. a. die beiliegende Abschrift eines Briefes von Pfatzner's Anwalt gefunden. Ich weiß nicht, wie weit Du mit dieser Angelegenheit gekommen bist, möchte aber doch nicht versäumen, Dir diese Abschrift zu schicken, da diese unter Umständen von großer Wichtigkeit sein könnte. – In meiner Sache wegen Vergütung für erlittenen Gesundheitsschaden habe ich noch nicht das Geringste erreicht. Ich wurde vor einem halben Jahr von dem hiesigen Vertrauensarzt der deutschen Regierung untersucht, habe aber bisher nichts mehr gehört, trotzdem mein Anwalt mehrere Male reklamiert hat. – In Wien, wo wir sein 10 Jahren nicht mehr gewesen waren, haben wir uns vollkommen fremd gefühlt. Es ist alles so verändert. Dies trifft natürlich nicht auf die Landschaft zu, die unverändert schön geblieben ist, und so wollen wir – wenn es geht – nächstes Jahr wieder nach Österreich fahren, wo Fini ja noch Familie hat, die sie natürlich gerne sehen will. – Sonst gibt es von uns nichts Besonderes zu berichten. Im Büro habe ich nach wie vor sehr viel zu tun und bin oft sehr abgespannt, schon deshalb, weil mich meine Tätigkeit ja nicht sehr befriedigt. Ich will mich aber doch nicht beklagen, denn ich muss ja froh sein, diese Stellung bekommen zu haben und schließlich leben wir ja davon. – Es sind zwar noch ungefähr 4 Wochen bis zu Deinem Geburtstag, aber ich will Dir doch schon heute alles Gute wünschen, besser zu früh als zu spät. – Viele herzliche Grüße von uns beiden, auch an Deine Familie,

Dein Fritz

---

11. September 1960

Lieber Fritz,
wenn ich Dir heute mitteile, dass ich ca. 2 sehr schwere Jahre hinter mir habe, wirst Du verstehen, dass ich solange nichts von mir habe hören lassen. Bereits seit mehreren Jahren war ich gezwungen unter fast laufender ärztlicher Behandlung zu stehen. Am Anfang hat man die diversen Erscheinungen von Schwäche, Müdigkeit einerseits und großer Arbeitsbelastung andererseits nicht all zu ernst genommen, bis Ende 1958 – Anfang 1959 Erscheinungen auftraten, die auch den Arzt irritierten. Im Mai 1959 vorgenommene Spezial-Untersuchungen führten zu sofortiger Behandlung in einem Krankenhaus unter 24stündiger Kontrolle pro Tag unter Aufsicht von Arzt und Krankenschwester. Ich war ½ Jahr von Juni bis Dezember 1959 in einem Sanatorium mit immer schönem Park. Dort habe ich mich beschäftigt mit Holz-Schnitz-Arbeiten von Bildern und Medaillons oder im Garten gearbeitet. Obwohl ich anfangs nichts davon verstanden habe, ist es mir sehr schnell geglückt, Fortschritte zu machen, sodass diverse Bilder in meiner Wohnung aufgehängt sind, und meine Tochter meine Medaillons trägt. Die Diagnose, so weit ein Arzt dem Patienten überhaupt etwas sagt, lautet: Alters-Erscheinung. Das Resultat jedenfalls, dass ich heute nur noch ca. 80 % verringerte physische Arbeitsfähigkeit habe, d. h. dass ich nur ganz leichte

Arbeiten machen kann und diese mit möglichst geringer geistiger Anstrengung. Der einzige »Vorteil« meiner Krankheit ist der, dass die dementsprechenden ärztlichen Dokumente für meine Ersatz-Ansprüche an Deutschland wahrscheinlich etwas treibend wirken.

Ich unterbreche jetzt diesen Brief, denn soeben ist ein Brief von Dir angekommen – also zu Deinem Brief:

Der mir eingesandte Brief ist ein sehr interessantes historisches Dokument und vielleicht eine wichtige Unterlage für die U.R.O. Da es nur 1 ½ Wochen sind bis zu den jüdischen Neujahrs-Feiertagen, unterbreche ich diesen Brief nochmals, und fahre sofort zur U.R.O. nach Tel Aviv zur Beratung. Danach werde ich diesen Brief fortsetzen. – Von Tel Aviv zurück. Ich habe eine Copie des Briefs aus Deutschland der U.R.O. übergeben, und man wird mich demnächst vorladen, um genaue Schritte auszuarbeiten. Wie man mir sagte, sind die Aussichten dieser Angelegenheit nicht sehr sicher, aber vielleicht kann gerade dieser Brief einen neuen und wichtigen Anstoß bedeuten.

Nun weiter zu Deinem Brief: Wenn Ihr also in Österreich gewesen seid, so ward [sic!] Ihr ja schon auf halbem Weg zu mir nach Israel. – Falls bei meinen Deutschland-Sachen etwas Wesentliches herauskommen sollte, so hoffe ich, nicht in Paris stecken zu bleiben, sondern Euch wirklich zu besuchen. Wenn auch die Aussichten dazu voraussichtlich noch in weiter Ferne liegen, so wäre es mir doch interessant, von Dir einige Informationen zu bekommen: Welches sind die Temperaturen bei Tag und bei Nacht bei Euch in den verschiedenen Monaten? Wie ist die Verteilung des Regens und wie ist der Winter? Schnee?

Ich kann mich heute aber an gar nichts mehr erinnern. In allgemeinen Jahren, glaube ich, müsste von Israel im Sommer nach Europa wegen des Klima-Wechsels.

Welche Kleidung (Anzüge, Wäsche, Unterwäsche, Mantel, Schuhe etc.) ist notwendig?

Was kosten bei Euch diese Sachen. Was kosten bei Euch Lebensmittel (Milch, Fleisch, Butter, Gemüse, Kartoffeln, Kaffee, Tee, Wurst, Brot etc.)? Oder auch, was kostet ein Frühstück, Mittagessen, Abendbrot im Restaurant? Was kosten Zigaretten?

Was kostet Hotel?

Besteht die Möglichkeit bei Euch zu wohnen?

Was, glaubt Ihr, braucht man ca. summa summarum für einen Aufenthalt in Holland, wenn man auch etwas Ausflüge machen will: Den Haag, Rotterdam, Kurort am Meer, Besuch im Museum, Theater, Film etc.? Nach meinen Anfragen nehmt Ihr vielleicht an, dass ich die Absicht habe, Millionär zu werden. Ich hätte nichts dagegen, ich glaube nur, dass ich keine großen Aussichten dazu habe. Trotzdem wären mir jedenfalls diese Informationen sehr wünschenswert.

Kann man mit deutscher Sprache durchkommen?

Wie sieht eigentlich die Tages-Einteilung von Euch Beiden aus? Was macht Ihr an den Wochentags-Abenden und am Sonntag?

Habe ich Euch genug den Kopf verdreht?

– Und jetzt ein etwas ernstes Kapitel. Ich will ohne Umschweife, deutlich und eindeutig schreiben.

Über meine Familie habe ich Dir schon Einiges geschrieben. Ich bin seit ca. 20 Jahren verheiratet. Meine Frau stammt aus Rumänien. Ihr erster Mann ist durch die Nazis oder Kommunisten umgekommen. Aus dieser Ehe stammen eine Tochter, die heute ca. 4 Jahre verheiratet ist und sie hat einen Buben. Sie lebt in Haifa. Der Sohn, heute ca. 24 Jahre, ist zu Hause. Er ist sehr verschlossen und redet fast kein Wort. Er arbeitet vollständig selbständig in der Wirtschaft und kurz gesagt, besteht fast kein Kontakt zwischen ihm und mir. Mit der Tochter sind die Beziehungen besser, aber auch sie hat sich dem Haus stark entfremdet, was aber mehr oder weniger natürlich ist, da sie in Haifa wohnt; sie hat ihre Wohnung, ihren Mann; ihr Kind und ihren dortigen Bekanntenkreis. Das schwerste Kapitel ist meine Frau. Von Anfang an hat sie nicht verstanden, nicht mich, nicht meine Liebe zu den Kindern, die ich als meine betrachtet habe, zumal meine Frau kein neues Kind haben wollte. Wenn ich mal mit meinen hiesigen intimsten Freunden gesprochen habe über Dinge, die sich abgespielt haben (und auch heute laufend vorkommen), so war die Reaktion nur, man kann fast sagen, Entsetzen, so unglaublich ist es ihnen vorgekommen. Alle Versuche, eine erträgliche Basis zu finden, haben zu nichts geführt. Als ich im Krankenhaus war und mit meinem dortigen Arzt über diese Dinge gesprochen habe, hat er viele Male, während ich dort war, meine Frau zu sich gerufen und sehr, sehr ernste Unterhaltungen mit ihr gehabt. Nachdem ich nach Hause kam, 3 Tage war der Zustand sozusagen labil. Danach alles wieder beim alten. Während meiner an den Krankenhaus-Aufenthalt anschließenden ambulanten Behandlung wurde meine Frau nochmals mehrere Male vom Arzt vorgeladen. Das heutige Resultat ist, dass ich nach Möglichkeit allen Komplikationen ausweiche, andererseits sich aber in mir ein einziger Gedanke immer mehr verstärkt und festigt. In meiner Wirtschaft, die ich mit viel Fleiß und Arbeit aufgebaut habe und die ich von einem Nichts zu einem bescheidenen Niveau gebracht habe, kann ich aus Gesundheits-Gründen nur ganz minimal arbeiten, eigentlich nicht arbeiten, sondern nur mich ein bisschen beschäftigen. Die Arbeit wird in Wirklichkeit von dem Jungen mit Hilfe meiner Frau und gelegentlichen Arbeitern geleistet. In objektiver Realität bin ich eigentlich vollkommen überflüssig, zumal meine fast gänzlich verloren gegangene Arbeitskraft von meiner Frau als Liebe zur Bequemlichkeit oder sogar Faulheit aufgefasst wird, obwohl sie die Ärzte mit voller Offenheit, mehr als direkt mir gegenüber, über meinen Zustand aufgeklärt haben. Da der Junge heute schon ein erwachsener Mensch ist und praktisch die Wirtschaft führt, sowohl arbeitsmäßig wie auch in Dispositionen, kann ich eigentlich sagen, dass ich meine Aufgabe, ihm seine Zukunfts-Existenz vorzubereiten, so gut wie vollendet habe, zumal ich in meinem heutigen Zustand keine Aussicht habe, noch etwas hinzuzufügen. Meine Gedanken gehen daher in der Richtung, dass, wenn ich Glück habe und von dem Deutschland etwas Wesentliches heraushole, ich mein jetziges Milieu verlassen will und sozusagen pensioniere. Irgend eine Beschäftigung, um nicht der Langeweile anheim zu fallen, wüsste ich schon noch zu finden.

Ich habe über dieses ganze Problem mit einem sehr guten ehrlichen Freund gesprochen, und dabei ist die Frage aufgetaucht, ob es nicht angängig wäre für mich, das Klima, d. h. Land zu wechseln, ein Gedanke, der in einer meiner Consultationen bei dem Arzt, von diesem, wenn auch nicht direkt angesprochen, so aber doch fast angeredet wurde. – Viele Menschen, die langfristige Auslands-Reisen gemacht haben, sagen, dass man mit derselben Summe Reichsmark sowohl von Holland, als auch z. B. in Holland in Gulden besser leben kann als mit der entsprechenden Summe von Israel-Pfunden in Israel. Der Kurs für Deutschland-Entschädigungen in Israel ist 2 Reichsmark gleich 1 Israel-Pfund. Deswegen interessiert es mich sehr, von Dir zu hören, was heute eine Einzel-Person in Holland braucht, um normal leben zu können.

Ich habe in dieser Beziehung sehr ernste Gedanken, und die Eventualität einer Übersiedlung nach Holland kreist in meinem Kopf, ich will nicht sagen Tag u. Nacht, aber immerhin möchte ich gerne wissen, auf welcher Basis eine Existenz für mich allein in Holland möglich ist, mit der absoluten Sicherheit, keinem Menschen zur Last zu fallen. Wie sieht es aus mit Einwanderungs-Bedingungen der holländischen Regierung? Z. B. wenn ich nachweisen kann, dass ich eine fixe Rente von Holland bekomme?

Was ist mit Kranken-Kasse?

Was ist mit Alters-Heim?

Eine 2te Frage: Falls ich zusätzlich zu einer laufenden Rente (wie ich beantragt habe) eine Abfindungs-Summe für vergangene Jahre bekommen sollte, besteht die Möglichkeit, diese Summe von Deutschland nach Holland zu dirigieren, auch wenn ich noch hier in Israel bin?? Kann ich in diesem Fall ein Konto bei einer holländischen Bank eröffnen, und auf welchem Wege?

Am 8. Oktober dürft Ihr an mich denken. Zu Deinem Geburtstag am 16. desgleichen Monats und überhaupt im Ganzen wünsche ich Dir und Fini das Beste. Ich hoffe, dass wir mit unserem letzten Briefen (Fini vom 3.IX. und mein heutiger) unsere Korrespondenz neu aufgenommen haben und sie fortsetzen werden.

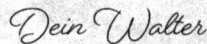

Dein Walter

Lieber Fritz!

Habe soeben von der U.R.O. Mitteilung bekommen, dass eine monatliche Rente sowie auch Renten-Nachzahlung bewilligt ist. Nach meinen provisorischen Erkundigungen kann das ca. 400,- RM pro Monat und eine Renten-Nachzahlung von ca. 18.000,- RM bedeuten.

In Zusammenhang mit dem, was ich Dir in meinem langen Brief vom 11.9. erzählt habe, bitte ich Dich, auf allerschnellste Art zu erkundigen, ob und wie ich die Summe der Banken-Nachzahlung nach Holland dirigieren kann, ohne dass dieses Geld nach Israel hereinkommt, denn herausnehmen von hier ist danach, soweit ich informiert bin, unmöglich. Welche Antwort Du auch immer bekommst, bitte ich Dich mir sofort zu antworten.

Viele Grüße und nochmals beste Wünsche,

Dein Walter

---

26. September 1960

Lieber Walter,

Ich danke Dir für Deine Briefe vom 11. und 17. ds. M. und gratuliere Dir zu dem schönen Geschenk, das Du gerade rechtzeitig zu Deinem Geburtstag erhalten hast. Weniger erfreulich war allerdings die Nachricht über Deinen Gesundheitszustand. Ich selbst kann da ja auch ein Lied mitsingen, denn die Arbeit fällt mir immer schwerer, vor allem durch den sehr schlechten Zustand meiner Augen, der es mir unmöglich macht, mich allein außerhalb des Hauses zu bewegen. Dies bedeutet natürlich eine große Belastung für Fini, deren Nerven auch nicht mehr die besten sind. Was nun Deine Fragen betr.

Deinen Bekannten, der die Absicht hat, nach Europa zu übersiedeln, anbelangt, so musst Du ihn vor allen Dingen darauf aufmerksam machen, dass er mit seiner Korrespondenz sehr vorsichtig sein muss. Es besteht nämlich die Gefahr, dass er mit den Devisenvorschriften seines gegenwärtigen Aufenthaltslandes in Konflikt kommen kann, da soweit mir bekannt ist, alle Auslandsguthaben angemeldet werden müssen. Ich habe mich heute bei einer hiesigen Bank erkundigt, wo man mir unverbindlich die Auskunft gab, dass von deutscher Seite aus wahrscheinlich keine Schwierigkeiten bestehen, solche Guthaben nach einem anderen Land zu transferieren. Die große Frage wäre jedoch, ob dazu nicht die Zustimmung des Landes, in dem der Kontoinhaber wohnt, erforderlich ist. – Ich hatte gestern zufällig Gelegenheit, mit 2 Leuten zu sprechen, die Erfahrung in einer ähnlichen Angelegenheit haben, und die mir Beide unabhängig voneinander dasselbe sagten, nämlich, dass es ihrer Meinung nach das Beste wäre, dass Dein Bekannter, falls er sich entschließt, endgültig zu übersiedeln, nach Deutschland zurückgeht, und zwar aus folgenden Gründen: 1.) würde er als »Heimkehrer« nach einer gewissen Zeit noch einen Anspruch auf 6.000 DM geltend machen können, wobei er allerdings wahrscheinlich unter Beibehaltung seiner jetzigen Staatsbürgerschaft die deutsche Staatsbürgerschaft wieder annehmen müsste, 2.) hätte er bei Niederlassung z. B. in Köln oder Frankfurt a. M., wo sich die größten jüdischen Gemeinden befinden, sehr leicht Anschluss, den er schon wegen der Sprache in einem anderen Land nicht finden könnte, 3.) würden alle Schwierigkeiten wegen Einwanderung, bzw. Aufenthaltsbewilligung, die in anderen Ländern bestehen, wegfallen. Ich habe mich deswegen heute auch bei der hiesigen Fremdenpolizei erkundigt, wo man mir sagte, dass jeder Fall individuell behandelt wird und dass ein Gesuch um Aufenthaltsbewilligung mit allen Unterlagen bei dem Justizministerium in Den Haag eingereicht werden müsste.

Nun will ich deine Fragen soweit als möglich beantworten. Das Klima hier ist im Allgemeinen nicht sehr angenehm, viel Regen und Wind, das Wetter ändert sich oft ganz plötzlich, von kalt auf warm und umgekehrt. Wirklich schöne Sommertage gibt es wenig, die Winter sind nicht allzu streng, aber feucht. Es ist ungefähr so wie in England und wir müssen meistens von Mitte September bis Ende Mai / Anfang Juni heizen. Das unangenehme Klima ist mit ein Grund, dass wir uns mit dem Gedanken tragen, von Holland wegzugehen, sobald ich in Pension gehe, das dauert allerdings noch 6 Jahre. Ein unentbehrliches Kleidungsstück ist hier ein Regenmantel und ein warmer Mantel für den Winter und natürlich auch entsprechende Unterwäsche wegen der vielen Feuchtigkeit. – Ein Anzug (Mittelqualität) kostet ca. 140,- Gulden (1 isr. £ ist ungefähr 2 Gulden), ein paar Schuhe kosten zirka 30 Gulden, 1 Liter Milch zirka 45 Cent, 250 Gramm Butter 1 Gulden, 1 Brot 50 Cent, Kaffee 250 Gramm zirka 2 Gulden. 1 Kilo Fleisch je nach Sorte und Qualität 6 Gulden und noch mehr. Zigaretten 20 Stück 1 Gulden. Hotelzimmer mit Frühstück mindestens 10 bis 12 Gulden. Ein Tourist hat bei bescheidenen Ansprüchen mindestens 25 Gulden täglich hier nötig. Bahnfahrt von hier nach Den Haag (1 Stunde) zirka 5 Gulden tour retour. Die Preise in Deutschland sind im Großen und Ganzen so wie hier, manches billiger und manches teurer und man kann dort mit 400 Mark monatlich bei bescheidenen Ansprüchen wohl auskommen. – Unsere Tageseinteilung ist: Von 9 bis ½ 6 bin ich im Büro (½ Stunde Tischzeit). Ich komme gen 6 Uhr nach Hause (entweder fahre ich mit einem Kollegen in dessen Auto oder muss mir ein Taxi nehmen), dann essen wir. Den Abend verbringen wir mit ganz seltenen Ausnahmen (Einladung bei Bekannten) zu Hause, lesen (soweit meine Augen nicht zu übermüdet sind) oder hören uns ein Konzert im Radio an. Zwischen 9 und 10 Uhr gehen wir ins Bett. Wir haben wohl einige Bekannte, aber keine Freunde, und wir haben nur einen Wunsch: Ruhe, Ruhe und nochmals Ruhe. Sonntag sind wir auch meistens zu Hause, da man in Amsterdam ohne Auto oder Fahrrad vollkommen aufgeschmissen ist. Die Stadt ist was Umgebung anbetrifft, sehr stiefmütterlich behandelt. Das Meer ist wohl in der Nähe (1 Stunde Fahrt), aber der Strand ist immer so überfüllt, dass es eine Qual ist und kein Vergnügen. Was uns locken würde, wäre Wald, aber da muss man länger fahren und das ist uns zu teuer.

Ich finde noch einige Fragen von Dir, die noch zu beantworten sind. Freiwillige Versicherung bei einer Krankenkasse wird wohl möglich sein, aber sehr teuer. Es gibt hier auch jüdische Altersheime, aber

Aufnahme in absehbarer Zeit vollkommen ausgeschlossen wegen großer Nachfrage und wenig Plätzen. Ebenso ist Verdienstmöglichkeit für ältere Ausländer ausgeschlossen, noch dazu wenn sie nicht holländisch können. Als Tourist kann man mit Deutsch im Allgemeinen durchkommen.

Zu Deinem Geburtstag sende ich Dir nochmals meine besten Wünsche, auch in Fini's Namen, und verbleibe mit herzlichen Grüßen von uns Beiden,

Dein Fritz

---

15. X. '60

Lieber Fritz,
Habe Deinen letzten Brief mit Interesse gelesen. Ich habe mich inzwischen auch hier informiert, und die hiesigen Auskünfte sind ähnlich Deinen Mitteilungen.
Ich hoffe, dass in ca. 3 Monaten meine Angelegenheit bereits abgeschlossen sein wird. Ich werde Dir wahrscheinlich auch bald Näheres mitteilen können über meine weiteren Forderungen wie Angestellten-Rechts-Versicherung und auch die Angelegenheit der Buchhandlung.

Für heute: Nochmals beste Wünsche zu
Deinem Geburtstag Dir u. Fini,

Dein Walter

Lieber Fritz,

Vielen Dank für Eure Geburtstagswünsche. Gerade wollte ich gestern an Euch nach Amsterdam schreiben, da kam Euer Brief mit Eurer vorübergehend neuen Adresse. Ich sende also Euch beiden meine besten Wünsche für die Zukunft und Gratulation zum Geburtstag. Dass wir uns gegenseitig nur zu den Geburtstagen schreiben, ist, zum Mindesten, von mir aus, nicht gerade schön. Bei mir liegt es daran, dass ich über unerfreuliche Dinge, wovon es genug gibt, nicht gerne schreibe.

Ich habe mir aber vorgenommen, doch einmal Dir im genauen Bild über meine Lage und mein Leben zu geben. Ich werde dies sehr bald in meinem nächsten Brief ausführlich tun. Diesen Brief will ich schnellstens absenden, damit er Dich zu Deinem Geburtstag erreicht. Nur eine Sache ist wichtig, Dir sofort zu schreiben: ich habe in Sicht auf unseren sogenannten Jahresbriefwechsel mich mit einem mit mir befreundeten Arzt unterhalten und von diesem den Hinweis bekommen, dass es in Fällen wie dem Deinen eine Behandlung in Form von Augen-Gymnastik gibt, die – wenn sie auch mitunter langfristig ist – Erfolg verspricht. Interessiert Euch bitte sofort dafür, und teilt mir schnellstens mit, was damit ist.

Bezüglich Entschädigung für das Geschäft in Breslau habe ich am gleichen Tag als Dein Brief ankam, eine Vorladung zur Restitution Organisation LTD (U.R.O.) in Tel Aviv erhalten und zwar für den 28.X. d. J. Nachdem ich sehen werde, in welcher Form meine Forderung aufgesetzt wird, werde ich Dich sofort informieren.

Der terminologische Titel der Forderung lautet: Lastenausgleich (Vermögens-Schaden).

Für heute Schluss, die besten Wünsche Dir und Fini

von Walter

12.X.'63

Lieber Fritz, liebe Fini!

Fortsetzung meines Briefes vom 8.X.

Was ist mit Deiner Staats-Angehörigkeit? Bis wann warst Du österreichischer (oder deutscher) Staatsbürger?

Liegt eine Staatsbürgerschaft-Entziehung vor? – Warst Du staatenlos? (Mit Angabe von Datum). Wann (Datum) bist Du holländischer Staatsbürger geworden? Auf Antrag oder automatisch? – Hast Du irgendwelche Unterlagen über die Abstammung Deiner Mutter aus der Familie der Dambitsch (Juden)? –

Welche Familien-Papiere überhaupt sind in Deinen Händen? – Aus welchem Grunde hast Du Wien verlassen oder musstest verlassen? – Ist das Verlassen von Wien als Flucht zu bezeichnen oder Ausweisung (Verfolgung)? –

Was war Deine letzte Beschäftigung in Wien? –

Mit Angabe des Einkommens.

Warst Du Berufs entlassen? Arbeitslos?

Aus welchem Grund?

Kannst Du irgend wie als verfolgter Jude (Rasse) gelten?

Du warst verhaftet? – In Wien und/oder Holland?

Wo? Wie lange. –

Verhaftungs-Grund? – Art und Weise der Freilassung? –

Kannst Du für irgend welche Dinge, die in meinen Fragen enthalten sind, Zeugen nennen, von diesen eidesstattliche amtlich bestätigte Erklärungen erhalten? –

Du schriebst mir mal, dass Du Deine Angelegenheiten mit einem Rechtsanwalt besprochen hast. Wie sieht Deine Situation aus? –

Handelt es sich bei Dir um Berufs-Schaden, Gesundheits-Schaden oder was überhaupt? – Welches ist Deine Rechts-Situation und auf welcher Grundlage? –

Hast Du Papiere von deinem Vater? –

Registrierung mit Angabe seiner Abstammung (Dein Großvater Samosch) aus Breslau? –

Kannst Du aus Wien diesbezüglich Unterlagen bekommen? –
Hast Du irgend welche Unterlagen, dass Du im ersten Weltkrieg als Dolmetscher oder Fremdsprachen-Übersetzer für österreichische Behörden tätig warst? –
(Mir ist so etwas in Erinnerung).
Beim Öffnen Deines Briefes sind ein paar Zeilen unleserlich geworden, an der Stelle, wo Du von den Sanatorium-Kosten sprichst und von einer Gutmachungs-Zahlung aus Deutschland. Was ist das für eine Zahlung und wofür, auf welcher Rechts-Basis?
Von wem bekommst Du die Rente von 185,- DM monatlich und auf welcher Grundlage? –
Von wem bekommst Du die Invaliden Rente. Und wie viel macht das aus, und darin die 20 % von Seiten der Firma? –

Es ist wichtig zu wissen, was Dein effektives Einkommen, detailliert und alles zusammen ausmacht, mit Angabe der Steuern und ihrer Höhe. Auf alle diese Dinge gib mir schnellstens Antwort, damit ich bei der U.R.O. Informationen zu bekommen versuchen kann.
Noch einige Fragen: Kannst Du Dich eventuell über das holländische Außenministerium (holländischer Gesandter oder Botschafter oder dergleichen in Polen) wenden, um eine amtlich bestätigte Abschrift des Original-Testaments von Tante Rosalie in Breslau zu bekommen? (Ich habe über das hiesige Außenministerium seinerzeit mal eine Geburtsschein-Bestätigung von Breslau bekommen, als ich dies brauchte).
Ich selbst werde wegen des Testaments hier das Gleiche versuchen.
Kannst Du jemanden ausfindig machen, der das Antiquariat und die Buchhandlung N. SAMOSCH, Breslau, Kupferschmiedestraße 13 / Schuhbrücke 27 im Jahre 1937 gekannt hat und ihren wirklichen realen Wert auf ca. 30.000,- Mark in diesem Jahre 1937 abschätzt? –
Ist Dir die seinerzeitige Privat-Adresse von Herrn P. bekannt? – Er ist laut Buchhändler-Börsenblatt der Käufer. Falls irgend ein Briefwechsel zwischen Dir und Hans über den Verkauf in Deinen Händen ist, wäre dieser mit einer eidesstattlichen Erklärung darüber von Dir, und dies amtlich bestätigt, wichtig mir einzusenden.
Gib mir möglichst bald Antwort, auch Positives und auch Negatives.

Hast Du die Möglichkeit, Dir aus Wien eventuell noch dort vorhandene Papiere bei Verwandten von Fini kommen zu lassen, und deren amtlich bestätigte Abschriften mir zu senden? – Alles, was Du mir schicken kannst, im rekommandierten Brief?

In meinem nächsten Brief werde ich Euch über mich berichten.

Herzliche Grüße,
Euer Walter

Driebergen, 21. Oktober 1963

Lieber Walter,
Ich danke Dir für Deine Briefe vom 8. und 12. und Deine Postkarte vom 9. ds. Dein Fragebrief wurde mir von Amsterdam nachgeschickt und ich will nachstehend Deine Fragen so gut als möglich in derselben Reihenfolge beantworten. Da Du ja eine Abschrift dieses Briefes hast, muss ich ja Deine Fragen nicht wiederholen.
Bis zur allgemeinen Ausbürgerung (1942?) war ich deutscher Staatsbürger, dann bis 1948 staatenlos, dann bis 1954 Österreicher, dann auf Antrag holländischer Staatsbürger.
Heiratsurkunde meiner Eltern mit Angabe der jüdischen Religion. Sonst keine Familienpapiere.
Flucht. – Buchhandlungsangestellter. Einkommen weiß ich nicht mehr, schätzungsweise monatlich 500 bis 600 Mark. – Musste per 30.9.1938 Tätigkeit als Jude auf Befehl der Reichsschrifttumskammer aufgeben. Am 19.7.1939 nach Holland emigriert. – In Amsterdam 17.8.1942 bei Hausdurchsuchung bei Bekannten anwesend, dabei mitverhaftet, bis 16.10.1942 aus Gefängnis in Amsterdam nach Lager Westerbork gebracht, dort am 9.7. 1943 wegen Mischehe entlassen. Keine Zeugen mehr. – Bei mir Gesundheitsschaden. – Keine Papiere vom Vater oder Großvater, in Wien nichts

vorhanden. – War niemals Dolmetscher oder sonst im 1. Weltkrieg tätig, muss Irrtum sein. – Rente wegen Gesundheitsschaden von der Landesrentenbehörde in Düsseldorf. – Mein Bruttogehalt ist zirka Fl. 750,-, nach Abzug der Steuer, etc. bekomme ich monatlich netto Fl. 600,- Die Invalidenrente läuft über die Firma und beträgt ca. 80 % und ist in diesem Betrag inbegriffen. – Da Du die Unterlagen wegen des Testaments von mir erhalten hast und ich keinerlei Daten mehr weiß, glaube ich, dass es besser wäre, wenn Du auf dem Dir bereits bekannten Wege die Abschrift zu erlangen versuchst. – Es ist mir niemand bekannt, der das Geschäft gekannt hat. Es fiel mir aber ein, dass ich in Amsterdam wahrscheinlich noch ein Adress-buch von Antiquariaten habe, von 1937?, in dem unser Geschäft er-wähnt ist. Als Inhaber steht: Fritz, Halter und Hans Samosch. Es steht durch einen Druckfehler tatsächlich Halter statt Walter. Wenn nötig, würde ich Dir das Buch evtl. schicken. Auch habe ich noch je ein Foto von beiden Geschäften, Straßenansicht. Adresse von P. unbekannt. Keinerlei Schriftwechsel vorhanden. In Wien nichts mehr vorhanden, alles was ich hatte, habe ich Dir bereits geschickt.

Abschließend möchte ich bemerken, dass ich die genauen Daten bei einigen Fragen erst in Amsterdam feststellen kann, wohin wir in ca. 2 Wochen zurückkehren werden. Fini's Befinden hat sich wohl etwas gebessert, aber sie muss weiterhin sehr viel ruhen und darf nur das Allernötigste tun. Ich selbst bin durch meine schlechten Augen sehr behindert und kann nur in Begleitung mich außerhalb des Hauses bewegen. Aus diesen Gründen gehen wir nur für die allernötigsten Besorgungen aus dem Hause.

Herzliche Grüße von uns Beiden,

Dein Fritz

28.X.'63

Dein Brief vom 21.X.'63

Wenn Ihr in Amsterdam seid, schreibe mir sofort die genauen Daten, die Du mir noch geben kannst.

Ich war heute bei der U.R.O.

Ich brauche beide Fotos von den beiden Geschäften.

Adressbuch, in dem das Geschäft erwähnt ist:

Kannst Du die entsprechende Seite des Adressbuches

plus eine Photographie davon mir einsenden, beide mit notarieller oder amtlicher Bestätigung, dass diese Seite aus dem Adressbuch so und so (Jahreszahl etc.) stammt. Das ganze Buch mir einzusenden als Unterlage zur Einsendung nach Deutschland mit meinen Papieren ist natürlich sehr schwierig. – Lass Dir selbst zwei Foto-Kopien von diesem Blatt machen und auch dieses notariell oder amtlich bestätigen. Du kannst dies vielleicht selbst brauchen. Ich habe nämlich bei der U.R.O. auch über Dich gesprochen. Und es kann sein, dass Du etwas machen kannst.

Sobald ich die erbetenen Unterlagen und Angaben von Dir in Händen habe, werde ich meine Angelegenheit bei der U.R.O. fortsetzen. Ich habe besprochen, das [sic!] ich eine Kopie meines Akten-Stückes für mich und eine zweite für Dich bekommen werde, die ich Dir dann zustelle.

Danach wird zu klären sein, ob Du selbst parallel mit meiner Forderung die Deine einreichen sollest, oder ob Du abwarten musst, was aus meiner Sache wird, und wenn positiv, darauf Deine Forderung aufbauen kannst. Vielleicht ist die Tatsache, dass Du zur Zeit des Verkaufes resp. Verschleuderung des Geschäftes deutscher Staatsbürger warst, eine gute Unterlage. Zu dem Druckfehler Halter statt Walter wäre es gut, wenn Du eine diesbezügliche eidesstattliche Erklärung – vierfach – auch diese notariell oder amtlich bestätigt, abgibst, und zwei mir einsendest.

Besitzt Du eine Kopie Deiner eidesstattlichen Erklärung, die Du mir seinerzeit eingesandt hast betreffend das Testament? Für Dich.

In Deinem Brief schreibst Du an einer Stelle: Flucht. An anderer Stelle schreibst Du: Am 19.7.'39 nach Holland emigriert. Ist das nicht ein Widerspruch? Oder wie verhält sich das?

Wenn es Dir irgend möglich ist, gib mir eine mehr oder weniger genaue Schilderung, was Du resp. Ihr durchgemacht habt, resp. wie sich die Dinge abgespielt haben, und wie das in die österreichische Geschichte dieser-Jahre hineinpasst.

1932	Bomben in jüd. Geschäfte
1932	Erstes Verbot der Nazi-Partei
1934	Ermordung von Dollfuss
	Otto Planetta
	Schuschnigg
	K.Z.
	12./13. Februar 1938 Schuschnigg bei
	Hitler in Berchtesgaden
	Abdankung von Schuschnigg
	Seyß-Inguart
11.III.1938	Einmarsch Hitler
Frühjahr 1938	Juden K.Z.
	Dachau - Buchenwald
10.XI.'38	Pogrom etc etc.

Obige Angaben stammen von einem Bekannten, ehemals Wien.

Mein heutiger Brief ist wichtig genug, so dass ich heute auf eine Schilderung über mich und mein Leben verzichte und dies auf nächstes Mal verschiebe. Du hast mir nicht geantwortet auf die Frage: Augen-Gymnastik.

Herzliche Grüße an Euch Beide,

Euer Walter

3. November 1963

Lieber Walter,

Bezugnehmend auf Deinen Brief vom 28. d. M. sende ich Dir mit gleicher Luftpost das Adressbuch. Wie ich jetzt erst festgestellt habe, wurde der Druckfehler mit dem »H« auf Seite 145 seinerzeit wahrscheinlich von mir selber mit der Hand aus-gebessert. Dem Buch habe ich die zwei Fotos beigelegt, sowie einen Aufsatz, den mir Hans geschenkt hat. Die darauf befindliche Widmung mit dem Datum kann vielleicht für Dich von Wichtigkeit sein. Alle diese Unterlagen kannst Du vorläufig behalten. Ferner schicke ich Dir anbei noch eine Kopie meiner seinerzeitigen eidesstattlichen Erklärung.

Nachstehend die genauen Daten betreffend meiner Staatsbürgerschaft:

Bis zur allgemeinen Ausbürgerung der Juden Januar 1942 Deutscher Staatsbürger.

Bis 26. April 1948 staatenlos.

Bis 2. Juni 1954 Österreichischer,

dann Holländischer Staatsbürger.

Was meine Flucht, bzw. Emigration betrifft, so ist diese wegen der damals herrschenden Zustände in Österreich erfolgt, sowohl wegen der Unmöglichkeit berufstätig zu sein und auch der andauernden Lebensgefahr. Die Ausreise erfolgte erst im Juli 1939, weil früher trotz aller meiner Bemühungen keine Möglichkeit war. Es ist doch Geschmackssache ob man das nun Flucht oder erzwungene Auswanderung nennt. Ich möchte noch bemerken, dass ich die Rente, die ich wegen Gesundheitsschaden aus Deutschland bekomme, vor allem auf Grund der Tatsache zugewiesen erhielt, dass ich Deutscher Staatsbürger und dann staatenlos und daher als Vertriebener anzusehen war. Die Notwendigkeit meiner Auswanderung ergab sich ja erst nach dem März 1938 nach der Besetzung von Österreich und hat mit den früheren politischen Ereignissen nichts zu tun.

Was die Augengymnastik betrifft, so ist mir diese schon seit längerer Zeit bekannt, kommt aber für mich laut Information bei verschiedenen Ärzten leider nicht in Frage. Es handelt sich bei mir um eine Atrophie der Netzhaut, an der weder operativ noch sonst irgendwie etwas getan werden kann.

Herzliche Grüße von uns beiden,

Dein Fritz

Fritz Samosch
Waverstraat 103/I.
AMSTERDAM-Z.

4. November 1963

Mein lieber Vetter Walter,
Beiliegend sende ich Dir eine Broschüre, nicht nur deshalb, weil sie an sich interessant ist für uns, da wir seinerzeit Inhaber unseres alten Antiquariats und Buchhandlung N. Samosch waren – ich meine Dich, Deinen Bruder Hans und mich – sondern weil sie wegen ihrer Widmung an mich ein schöne Erinnerung an Deinen Bruder ist. Wie Du weißt, war ich ja auch seinerzeit im Buchhandel in Wien tätig. Du selbst warst damals in Palästina, wie ich mich erinnere landwirtschaftlicher Arbeiter. Ich kann es also verstehen, dass er damals mir, seinem Berufskollegen die Fachschrift einsandte, möchte aber heute, dass dieses Erinnerungsstück an Deinen Bruder in Deine Hände kommt. Die Freude, die in seiner Widmung zum Ausdruck kommt, konnten wir nur zirka zwei Jahre genießen. Du hast ja von den ganzen Geschichten gehört und am 14. Mai 1943 (haben) ihn und Rose die Nazis ermordet. Wir wollen sein und Roses Gedenken in Ehren halten.

Dein Vetter Fritz

Lieber Fritz, liebe Fini!

Vielen Dank für die mir gesandten Dinge; das Adressbuch, die Broschüre und die Fotos und Deine Angaben im Brief vom 3.XI. Sehr wichtig!

Meine Anfragen, Dich resp. Euch persönlich betreffend, sind deswegen spezifiziert, weil jede Einzelheit für sich wichtig ist für das Ganze. Ich bitte Dich daher, mir Dein heutiges Einkommen genau zu übermitteln, brutto und netto, und Angabe genauer Daten. Ab wann auch Angabe Deines Einkommens bei der Firma vor Deinem Verlassen. Hat Fini irgend welche persönlichen Einnahmen gehabt? Wann, wo und wie viel? All die Angaben, ob positiv oder negativ, brauche ich, wenn ich mich hier über Deinen Fall genau informieren will, ob und was ich hier tun kann, und was ich Dir raten oder vorschlagen kann. – Hast Du von Deinen Briefen an mich Kopien? Jedenfalls behalte Dir Kopien von den zukünftigen Briefen. – Wie Du mir schreibst, erhältst Du die Rente von Deutschland für Gesundheits-Schaden, weil Du deutscher Staatsbürger und dann staatenlos warst und daher als Vertriebener angesehen seiest. Aus welchem Grunde erhältst Du nicht Berufsschaden Rente? In Deinem Brief 21.X. schreibst Du, Du musstest per 30.9.'38 Deine Tätigkeit d. h. Beruf als Jude auf Befehl der Reichsschrifttumskammer aufgeben. – Die Tatsache, dass Du in Amsterdam am 17.8.'42 verhaftet wurdest, bis 16.10.'42 im Gefängnis in Amsterdam und danach bis 9.7.'43 im Lager Westerbork warst, müsste Dir Freiheits-Schadens-Ersatz-Ansprüche für ca. 1 Jahr geben, da Du als Jude und Staatenloser festgenommen wurdest und auch laut Entschluss des Gesundheitsschadens als Vertriebener giltst.

In dem Adressbuch habe ich festgestellt, dass an 4 Stellen wichtige Angaben vorliegen:

1.) Vorwort mit Angabe des Datums des Erscheinens des Buchs: Anfang Juli 1937

2.) Seite VIII.: Verzeichnis der Abkürzungen und Zeichen,

z. B. Telefon, Postscheck-Konto und Kommissionär (wie sie auf Seite 145 bei der Firma N. Samosch vorkommen)

3) Seite 145 (wie Dir bekannt)

4.) Seite 195 (der Name Samosch nochmals genannt)

Ich werde mich erkundigen, auf welchem technischen Wege ich Foto-Kopien machen lassen kann, ohne die entsprechenden Blätter herausnehmen zu müssen, oder auf welche Weise ich sie mir amtlich bestätigen lassen kann.

Die Broschüre, die Hans Dir geschickt hat, ist wichtig, weil dort steht:

Mit-Chef, Cousin und Freund Fritz Samosch

Übernahme gemeinsam der 1844 gegründeten Firma

N. Samosch

Datum: Breslau 29. Januar 1935

Unterschrift Hans Samosch

Es ist sehr wichtig, dass Du mir in Deinem nächsten Brief ein besonderes Blatt einlegst, auf dem Du schreibst:

Mein lieber Vetter Walter!

Beiliegend sende ich Dir eine Broschüre, nicht nur deshalb, weil sie an sich interessant ist für uns, die wir seinerzeit Inhaber unseres alten Antiquariats und Buchhandlung N. Samosch waren – ich meine Dich, Deinen Bruder Hans und mich –, sondern weil sie wegen ihrer Widmung an mich, eine schöne Erinnerung an Deinen Bruder ist. Wie Du weißt, war ich ja auch seinerzeit im Buchhandel in Wien tätig. Du selbst warst damals in Palästina, wie ich mich erinnere landwirtschaftlicher Arbeiter. Ich kann es also verstehen, dass er damals mir, seinem Berufskollegen die Fachschrift einsandte, möchte aber heute, dass dieses Erinnerungsstück an Deinen Bruder in Deine Hände kommt. Die Freude, die in seiner Widmung zum Ausdruck kommt, konnten wir nur zirka zwei Jahre genießen. Du hast ja von den ganzen Geschichten gehört und am 14. Mai 1943 (haben) ihn und Rose die Nazis ermordet. Wir wollen sein und Roses Gedenken in Ehren halten.

Dein Vetter Fritz

Wenn ich mir von dem Titelblatt der Broschüre mit der Widmung Foto-Kopien gemacht haben werde, steht sie Dir, wenn Du willst, wieder zur Verfügung. Obiger Brief ist enorm zur Wahrheit wichtig für meine diesbezügl. Forderung.

Kannst Du Dich erinnern aus welchem Jahr die Fotos sind? Wenn ja, bestätige mir das Jahr.

Ich danke Euch sehr für Eure Hilfe. Und meinerseits, kannst Du sicher sein, werde ich alles tun, was möglich ist, um Euch behilflich zu sein. Ich möchte aber ansonsten wissen, ob Du auf Grund meiner Fragen oder Hinweise selbst etwas tun oder Dich informieren kannst über Möglichkeiten für Forderungen, Du solltest auch die Frage klären, ob ein Erfolg meinerseits in der Sache der Fa. N. Samosch als Unterlage für Dich dienen kann, da wir, Du und ich, gleichteilige ⅓ Erben sind. Hans das dritte Drittel. Das Drittel von Hans kann ich als sein gesetzlicher Erbe versuchen heranzuholen. Darin kannst Du mir gar nicht helfen und mit Deiner Angelegenheit kann es nur in der Form zu tun haben, dass Du laut Testament der Anspruch-Berechtigte auf ⅓ bist, Deine Forderung (sowie auch die meine) darf nicht auf Erbschaft nach der Tante lauten, sondern, nach Antritt der Erbschaft, auf Entschädigung für Entrechtung durch Verschleuderung auf Befehl der Nazis. Bei der U.R.O. hier nennt man das Lastenausgleich (Vermögens-Schaden).

Bei der Gelegenheit, als ich bei der U.R.O. über Deine Sache sprach, wurde mir ausdrücklich gesagt, das Deine Sache dort nur dann eventuell Aussicht auf Erfolg haben kann, entweder wenn meine Angelegenheit bereits durchgeführt und positiv entschieden ist, oder aber – wenn Du etwas unternehmen willst – nur dann, wenn dies in absolutem Einklang mit meiner Sache geschieht, d. h. jeder beabsichtigte Schritt von Dir muss vorher hier von mir mit der hiesigen U.R.O geklärt werden, um Widersprüche zu vermeiden, die alles illusorisch machen können, speziell und vor allem für Dich, da meine Sache bereits läuft und diverse Unterlagen von mir bereits als stichhaltig anerkannt sind. Das bedeutet noch nichts über den Erfolg. Wir müssen aber sehen, in engstem Kontakt zu sein. Falls Du für Deine eingereichten Informationen Unterlagen brauchst, stehe ich Dir voll und ganz zur Verfügung.

Wie Du siehst, ist das wieder ein langer, allerdings wichtiger Brief geworden, auf den Du mir sofort antworten solltest. Ich hoffe, dass mit Deiner Antwort, möglichst genau und detailliert, alle vorbereitenden Dinge mehr oder weniger geklärt sein werden, so dass ich in meinem nächsten Brief dazu kommen werde, über persönliche Dinge zu sprechen.

Herzliche Grüße an Euch Beide,

Dein Walter

---

14. November 1963

Lieber Walter,

Ich danke Dir für Deinen Brief vom 9. ds. Wie ich Dir bereits einmal mitgeteilt habe, beträgt mein Einkommen jetzt so wie früher, als ich noch arbeitete, brutto ƒ 750,- monatlich. Der Unterschied ist nur, dass 80 % als Invalidenrente bezahlt werden. Abzüge sind ƒ 80,- für Lohnsteuer und ƒ 60,- für Prämie Altersversorgung. + ƒ 10,- für Arbeitslosenversicherung. Fini hat kein Einkommen gehabt. Offen gestanden ist mir nicht recht deutlich, was mein Einkommen mit dem evtl. zu stellenden Entschädigungsantrag zu tun hat. Bei einem Antrag auf Zuweisung einer Rente könnte ich mir vorstellen, dass diese Angaben wichtig wären. Von meinen letzten Briefen an Dich habe ich Kopien. – Als Vertriebener habe ich keinen Anspruch auf Berufsschadenrente. Dank ganz besonderer Bemühungen meines Anwalts habe ich seinerzeit wenigstens die Rente für Gesundheitsschaden erhalten und möchte Dich bitten, diesen Punkt bei Deinen Bemühungen nur wenn unbedingt nötig zu berühren. Ich habe nicht das geringste Interesse, das hierüber eine Diskussion erfolgt und wie gesagt begreife ich nicht, was das mit der Angelegenheit der Firma zu tun hat. – Mein Freiheitsschaden wurde im August 1956 mit DM 3000,- vergütet. – In der Anlage sende ich Dir den gewünschten Brief über die Broschüre, die Du vorläufig mit den anderen Unterlagen behalten kannst. Ich habe keine Ahnung, aus welchem Jahr die Fotos sind. – Ich habe vorläufig nicht die Absicht, selbst etwas in dieser Angelegenheit zu unternehmen und will erst abwarten, ob Du etwas erreichst.

Viele herzliche Grüße, auch von Fini,

Dein Fritz

25.XI.'63

Liebe Fini, lieber Fritz!

Besten Dank für den Brief vom 14.XI. d. J., in dem auch mein Beilage-Brief zu der Broschüre enthalten ist.

Zu Deiner Beruhigung will ich verantwortlich betonen, dass ich in Deiner Angelegenheit bezügl. Testament resp. Ersatz-Ansprüche für Verschleuderungs-Verkauf des Geschäftes über keinerlei Einzelheiten Deinerseits bei der U.R.O. gesprochen habe.

Meine spezifischen genauen Fragen über Euch sind lediglich für mich bestimmt, nicht aus Neugierde, sondern ausschließlich, um ein klares Bild von Deiner Situation zu haben, für den Fall, das [sic!] Du einverstanden wärst, das [sic!] ich vorfühlende Informationen für Dich und Deine Aussichten zu bekommen suche. Ich habe die Erfahrung von meinen früheren Angelegenheiten (meine Berufs-Schaden-Ersatz-Forderung), dass bei Vorbesprechungen über Aussichts-Möglichkeiten notwendig ist zu wissen, wie die faktische wirtschaftliche Situation des Antragstellers zur Zeit eines Antrages ist, um bewerten zu können, ob und wie an die Sache heranzugehen. [...] Es ist ein Irrtum von Dir anzunehmen, dass dies nur wichtig ist, wenn es sich um eine Rente handelt. Das Entschädigungs-Gesetz ist reichlich kompliziert und nur ein spitzfindiger Jurist findet sich zurecht. Ich selbst habe die positive Erfahrung gemacht, dass genaueste Angaben gegenüber der U.R.O. dazu geführt haben, stichhaltige Rückzahlungen zu bekommen. Dies und dies zu benötigen, jenes und jenes aber nicht.

Aber, wie gesagt, ohne Dein ausdrücklich Einverständnis werde ich mich mit Deiner Sache z. Z. nicht befassen. Über meine Angelegenheit werde ich Dich jedenfalls auf dem Laufenden halten. Ich bin bei der U.R.O. am 9.XII. bestellt. Es ist schon spät und ich bin reichlich müde. Daher verschiebe ich einen Bericht über mich privat aufs nächste Mal nach Erhalt Deiner Antwort.

Viele herzliche Grüße
und vielen Dank,
Dein Walter

9.XII.'63

Lieber Fritz!

Deinen Brief vom 1.XII. vor einigen Tagen erhalten. Ich habe heute eine ausführliche und sehr aufschlussreiche Unterhaltung bei der U.R.O. Das Wesentliche bei der Angelegenheit ist, dass mir mein Rechtsanwalt bei der U.R.O. ausführlich und eindeutig gesagt hat, dass es wohl das Beste auch für Dich sein und für mich ist, wenn wir gleichzeitig die Forderung stellen. Es handelt sich bei Dir und mir um das gleiche Objekt, nur die Teilung ist verschieden: Du forderst ⅓ und ich ⅔ (⅓ von mir + ⅓ von Hans, dessen Erbe ich bin). D. h. nach Prüfung meiner Akten sagte mir mein Rechtsanwalt, dass der richtige Weg ist, dass Du nicht meine Sache abwartest, sondern, sobald Du meine Unterlagen in Händen hast, handelst, dies natürlich in engstem Kontakt mit mir und Übereinstimmung mit meinen Akten. Dies hat Deinerseits noch Zeit, da ich selbst noch nicht alle erforderlichen Unterlagen habe. Ich habe inzwischen bei der konsularischen Abteilung des Israel Außen Ministeriums beantragt, mir aus Breslau Erbschafts-Schein samt Testament zu verschaffen. Wenn alles beisammen ist, wird meine Forderung an Deutschland gestellt werden, und Du wirst dann sofort die entsprechenden Kopien bekommen,

d. h. Kopie meines Antrags inkl. Kopien meiner Unterlagen. Diese Forderung nennt sich Lasten-Ausgleich (Vermögens-Schaden) und steht in keinem Zusammenhang mit Berufsschaden- oder Gesundheits-Schaden-Ersatz-Leistung. Dies ist laut Auskunft meines U.R.O-Rechtsanwalts auf meine vordringliche Frage, d. h. Berufsschaden und Gesundheits-schaden sind persönliche Schäden, demgegenüber ist Vermögensschaden eine unabhängig davon zu stellende Forderung. Bezüglich der Staatsangehörigkeit habe ich folgende Antwort bekommen: Zur Zeit des Verschleuderungs-Verkaufs des Geschäfts warst Du deutscher Staatsbürger, und ich war demnach ausgebürgerter deutscher [sic!]: Auch ich, wenn ich heute meine Forderung stelle, bin ich heute nicht deutscher Staatsbürger, genau wie Du. Der Verlust der deutschen Staatsbürgerschaft ist eine für die Forderung günstige Unterlage.

Am 9. Januar 1964 werde ich auch bei der U.R.O. sein und Dich danach sofort über alles genau informieren.

Herzliche Grüße,
Dein Walter

Der Brief ist wahrscheinlich liegen geblieben 25.XII.'63

Lieber Fritz, liebe Fini!

Am 9.XII.'63 schrieb ich Euch einen Brief als Antwort auf den unseren vom 1.XII.'63. Dieser Brief ist wahrscheinlich liegen geblieben und ich sandte ihn erst am 25.XII.'63 ab. Was ist die Ursache, dass ich bis heute keine Antwort erhalten habe? Vielleicht habt Ihr ihn nicht bekommen? Für diesen Fall sende ich Euch Abschrift.

Inzwischen war ich sowohl am 9.I.'64 wie auch am 6.II.'64 bei der U.R.O. Die in meinem Besitz befindlichen Unterlagen habe ich dort abgegeben, und ich muss noch einige zusätzliche Papiere vorbereiten. Mit diesen werde ich in den nächsten Wochen wieder bei der U.R.O. sein. Wie in meinem Brief vom 25.XII.'63 gesagt, wirst Du sofort Kopien von meinen Gesamtakten erhalten, sobald diese komplett zusammengestellt sind.

Ich habe noch eine Bitte an Dich.

Schreibe mir bitte folgenden Brief

sofort

per Einschreiben

Falls Du keine Kopie von dem Rechtsanwalts-Brief hast (teile mir mit, ob ja oder nein), werde ich sie Dir einsenden. Meine Gesundheits-Schaden-Forderung steht vor dem Abschluss. Irgend etwas werde ich mit Sicherheit bekommen. Viel wird es nicht sein, da ich ja bereits eine Berufs-Schadens-Rente erhalte.

Ich hoffe, von Euch beiden schnellstens zu hören,

Herzliche Grüße,

Euer Walter

Fritz und Fini Samosch
Waverstraat 103/I.
AMSTERDAM-Z.

18. Februar 1964

Mein lieber Vetter Walter,

Ich schreibe Dir heute, weil ich glaube, dass diese Sache wichtig sein dürfte.

Ich habe in den letzten Tagen meine diversen Papiere durchgesehen. Darin befindet sich auch eine Kopie meiner eidesstattlichen Erklärung (Ende 1958) betreffend Buchhandlung und Antiquariat N. Samosch, Breslau, Kupferschmiedestraße 13 und Schuhbrücke 27. Ich habe darin in Absatz 3 einen Verkaufspreis von 8.000,- Reichsmark angegeben. Es ist nach 20 bis 25 Jahren sehr schwer, sich an Genaues zu erinnern. Aber in einer Unterhaltung mit Fini waren wir beide uns nicht sicher, ob hier nicht ein Irrtum bzw. Gedächtnistäuschung vorliegt. Ich habe nämlich in meinen Papieren eine Notiz gefunden, der zufolge ich Dir s. Zt. (Ende 1960 oder Anfang 1961) einen Brief einsandte vom Rechtsanwalt von Herrn P. an den Anwalt von Hans. Diesen Brief hatte ich in einem beiseite gelegten Papierbündel von Hans gefunden. Es geht aus diesem Brief – ich habe eine Kopie – hervor, das sich die Nazi-Partei eingemischt und einen Verkaufspreis von 4.000,- Mark als Höchstsumme anbefohlen hatte. Wir (Fini und ich) haben also jetzt versucht, unser Gedächtnis noch mal anzustrengen. Meine Angaben in der eidesstattlichen Erklärung sind richtig, insofern dass wir uns beide erinnern, das Herr P. den Preis von 35.000,- Mark auf 8.000,- Mark gedrückt hat. Aber aus dem Brief des Rechtsanwalts W. H. geht hervor, dass die Nazi-Partei auch diesen Betrag nicht bewilligt hat. Einer Sache bin ich mir sicher, denn dies hat sich in mein Gedächtnis tief eingegraben: Hans und Rose kamen s. Zt. in einem entsetzlichen Zustand nach Wien, da sie ja schließlich ihre Existenz verloren hatten infolge des Verschleuderungsverkaufes. Und es stimmt auch, dass Fini und ich alles dazu getan haben, mit Hans und Rose nicht über das Vergangene zu sprechen. So ist es dazu gekommen, dass ich erst viel später, d. h. 17 oder 18 Jahre nach dem tragischen Tod von Hans und Rose erfahren habe, (durch den Rechtsanwalts-Brief), dass das Geschäft, wie man so sagt, für ein Butterbrot »arisiert« wurde. Bis dahin glaubte ich, dass Hans und Rose wenigstens 8.000,- Mark erhalten haben. Dieser Brief von Rechtsanwalt W. H. an Rechtsanwalt Dr. Bernstein ist ein tragisches historisches und juristisches Dokument, dass maßgebend und stichhaltig beweist, dass unser ehrwürdiges Geschäft, nachdem es drei Generationen in Familienbesitz war, für maximal 4.000,- Mark »verkauft« wurde.

Beste Grüße, auch von Fini,
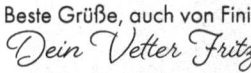
Dein Vetter Fritz

---

18. Februar 1964

Lieber Walter,

Wir erhielten soeben Deinen Brief vom 13. ds. Und auch s.Zt. Deinen Brief vom 25.12.'63. Den letzteren haben wir bisher nicht beantwortet, da wir einerseits Deinen Bericht über Deinen damals bevorstehenden Besuch bei der U.R.O. am 9.1. abwarten wollten und andererseits der Zustand bei uns so ist, dass mir das Schreiben selbst mit der Maschine fast unmöglich geworden ist. Wie wir Dir s.Zt. berichtet haben, ist auch Fini bei weitem nicht in Ordnung und es erweist sich als nötig, dass sie in Kürze wieder in dem Sanatorium in Driebergen zur Behandlung aufgenommen werden muss. Auch ihr fällt das Schreiben schwer und alle diese Umstände zwingen uns unsere Korrespondenz auf das Allernötigste zu beschränken.

In der Anlage senden wir Dir den gewünschten Brief mit Durchschlag, allerdings ohne den Nachsatz wegen der Unterschriftsbeglaubigung. Aus den oben erwähnten Gründen (ich kann ja auch nicht ohne Begleitung auf die Straße gehen) mussten wir davon absehen meine Unterschrift beglaubigen zu lassen, abgesehen davon, dass ich nicht weiß, welche Stelle das tun müsste. Wir haben diesen gewünschten Brief wohl geschrieben, aber ich habe dabei doch ein Bedenken gehabt, nämlich dass es doch unglaubwürdig erscheinen könnte, dass ich mich als Mitinhaber des Geschäftes nie dafür interessiert hätte, welcher Betrag bei dem Verkauf eigentlich erzielt worden ist, da ich doch einen Anspruch auf ein Drittel gehabt hätte. Ich überlasse es aber Dir, ob Du von diesem Brief tatsächlich Gebrauch machen willst. Ich habe KEINE Abschrift des Briefes von Rechtsanwalt H.

Ich fragte Dich früher mal, welcher Betrag Deiner Meinung nach als Entschädigung herausschauen könnte und ich bitte Dich mir gelegentlich diese Frage zu beantworten. Es ist doch möglich, dass dieser Betrag in keinem Verhältnis zu der aufgewendeten Mühe sein könnte.

Mit vielen herzlichen Grüßen von uns beiden, verbleibe ich

Dein Vetter Fritz

Am 17. Juni 1964 starb Josefine Samosch im 64. Lebensjahr in Driebergen.

12.XI.'64

Lieber Fritz!
Nachdem ich auf meinen Geburtstags-Brief bisher keine Antwort erhalten habe, bin ich sozusagen unruhig. Ich wiederhole meine Fragen:
Ist es Dir inzwischen geglückt, eine neue passende Einordnung zu finden?
Kommt es für Dich überhaupt infrage, und siehst Du eine Möglichkeit, zu mir zu übersiedeln? Ich kann mir vorstellen, dass Du den Platz von Fini nicht verlassen willst. Außerdem wäre zu klären, ob Deine eventuelle Auswanderung aus Holland finanzielle Quellen in Frage stellt. Ein drittes Moment ist die Frage, ob Du Dich in einer rein-jüdischen Umgebung, wie Du sie in Europa niemals gesehen hast, wohlfühlen

kannst, und welches Deine Bedürfnisse an christlichem Gottesdienst sind. – Ich habe mich bemüht, eventuelle Hinderungs-Gründe zu bedenken, andererseits würde ich mich sehr freuen, wenn wir bis zu unserem Lebensende zusammen sein könnten.

Ich selbst bin z. Z. im Begriff mein Haus zu vergrößern. Der Bau geht etwas langsam vorwärts, da ich jetzt, wie Du aus beiliegender Mitteilung ersiehst, vor der Hochzeit meines Sohnes stehe, und infolge dessen ist z. Z. meine finanzielle Situation etwas angespannt. Aber auch das (ich meine das finanziell) geht vorüber. Wo 2 leben, können ebenso gut auch 3 leben. Es fällt mir eben ein, dass auch die Klima-Frage zu berücksichtigen ist, und ob ein Land der Sonne für Deine Augen infrage kommt.

Die Familie der Braut stammt, wenn ich mich richtig erinnere, aus Amsterdam, und es sind dort Verwandte vorhanden. Wenn es Dich nicht zu sehr anstrengt, wäre es eine große Nettigkeit, wenn Du in einem Brief an mich ein paar direkte familiäre Glückwunsch-Zeilen in holländisch an den hinzu kommenden Familienteil senden würdest (auf einem Extra-Blatt, damit ich es Ihnen weitergeben kann). Wenn Du dies tust, so schreibe diesen Brief so, dass er vor der Hochzeit in meine Hände kommt.

Ich hoffe, dass keine ernsten Gründe für Dein Nicht-Schreiben vorliegen, und erwarte schnellstens Antwort.

Inzwischen herzliche Grüße,
Dein Vetter Walter

---

24. XI. '64

Lieber Fritz!

Erhielt gestern Deinen Brief vom 17. d. M. und freue mich mit Dir resp. Euch über Euer neues Glück. Mein Geburtstag-Brief ist scheinbar dem seinerzeitigen hiesigen Poststreik zum Opfer gefallen. Deinen Geburtstags-Brief habe ich ja erhalten, nur habe ich vergessen ihn in meinem zweiten Brief zu bestätigen, da ich dies in dem ersten getan hatte. – Ich freue mich, dass Deine seinerzeitige Augen-Operation gut gelungen ist. Meines Erachtens muss man in unserem Alter auch mit einer langsamen Besserung zufrieden sein, und wenn Du in so schöner Form eine neue Lebens-Gefährtin gewonnen hast, ist dies so schön, dass es Dir sicher über alle Schwierigkeiten die im Leben natürlich sind, hinweg helfen wird, so dass Du einen guten Lebens-Abend vor Dir hast, und dass Du mich daran teilnehmen lässt, dafür danke ich Dir herzlichst.

Wie ich sehe, wird unsere Familie international, ein reines Völker-Gemisch. Bei Dir: Deutsch-österreichisch-holländisch-indonesisch. Und bei mir: Deutsch-rumänisch-holländisch-israelisch. Die Braut meines Sohnes stammt von holländischen Juden.

»Die von Dir gewünschten Zeilen« – hier liegt Deinerseits ein Irrtum vor. Es war meine Absicht, Dich zu bitten, das [sic!] Du als mein Vetter mir, meiner Frau (und meiner Familie) zur Hochzeit unseres Sohnes gratulierst und dem jungen Paar Glückwünsche sendest (dies selbstverständlich in unserer gemeinsamen Sprache in deutsch). Zusätzlich wäre es sehr nett von Dir, wenn Du beiliegend an das Brautpaar und an die Eltern der Braut Glückwünsche in holländisch senden würdest, und dies als Vetter von mir. Dies etwa folgenden Inhaltes:

›Dem Brautpaar ISRAEL und WARDA und an die Eltern der Braut und die gesamte Familie CREFELD! Als Vetter von ZEEV WALTER SAMOSCH bitte ich Euch meine herzlichsten Glückwünsche entgegen zu nehmen. Sicherlich ist es gemeinsame Hoffnung meines Vetters und die meine, dass die Hochzeit von Warda und Israel zu einem innigen Kontakt unserer beiden Familien führen möge. Euer Vetter Fritz‹

Da heute bereits der 24.XI. ist und die Hochzeit am 9.XII, stattfindet, bitte ich Dich sehr mir umgehend in obigem Sinne zu antworten: Ein Brief an mich in deutsch und ein zweiter in holländisch an Brautpaar und Familie in gemeinsamem Couvert. Per Einschreiben und Flugpost (eventuell auch Express) an meine Adresse.

Ich beeile mich diesen Brief abzusenden.

Alles Beste,
Dein Walter

31.X.'65

Lieber Fritz!
Zu Deinem diesjährigen Geburtstag gratuliere ich Dir mit besonderer Freude wegen Deiner Verbindung mit Daisy, also doppelte Glückwünsche.
Leider ist die Fotographie von Euch auf dem Wege auf unerklärliche Weise verschwunden, und es würde mich sehr freuen, wenn Ihr mir eine solche einsenden wolltet.
Die Verspätung meines Briefes beruht darauf, das [sic!] ich seit mehr als 2 Wochen die Fotographie (die ich für Euch aufgehoben hatte) von mir mit Sohn und Schwiegertochter von deren Hochzeit gesucht habe.
Betreffs Buchhandlung ist die Sache noch weit vom Schuss.
Euch beiden wünsche ich Gesundheit und schönes Zusammenleben,

Dein Walter

(Anlage 1 Fotographie)

Nach dem Krieg

Hier bricht der Briefwechsel der Cousins zwischen Holland und Israel ab. Zeev Walter Samosch verstarb in Cherev le-Et am 27. Dezember 1968. Der Ablauf des weiteren Verfahrens zum Lastenausgleich wurde aus Unterlagen des Bundesarchivs rekonstruiert. Ausweislich des Persönlichkeitsschutzes wird hier nur vom »Erwerber« gesprochen.

1965, als Walter seinen letzten Brief an Fritz schrieb, hatte sich in der Bundesrepublik bereits das Lastenausgleichsamt seit Jahren um den Betriebsvermögensschaden an der Buchhandlung N. Samosch im ehemaligen Breslau, das nun Wrocław hieß, gekümmert.

Der »Erwerber« des Familienunternehmens hatte als Heimatvertriebener einen Antrag an das Amt gestellt. Bereits 1953 hatte er seinen Vertreibungsschaden nach dem Feststellungsgesetz vom 21. April 1952 (BGBl. IS 237) bei der Kreisverwaltung Hameln-Pyrmont eingereicht. Er hatte extra darauf hingewiesen, »[...] dass ein Kaufpreis dem bei der Übernahme vorhandenen Vermögenswert entsprach. Das Unternehmen wurde von mir beträchtlich vergrößert. Die Geschäftsräume auf etwa das Doppelte gebracht. Die vor der Vertreibung vorhandenen Vermögenswerte habe ich selbst erschaffen.«

1962 hatte er sich bezeugen lassen:

> »Das Antiquariat bzw. die Buchhandlung wurde von Herrn P. nach meiner Erinnerung etwa 1937 erworben. Ich bin als Kunde regelmäßig in dem Antiquariat bis zu meiner Einberufung Ende 1943 ein- und ausgegangen. Die Buchhandlung war vor dem Erwerb durch Herrn P. als kleine jüdische Buchhandlung der Geschwister Samosch bekannt, auch damals schon mit Antiquariat. – Nach Übernahme durch Herrn P. veränderte sie völlig ihren bis dahin bescheidenen Umfang. – Das Antiquariat, dass [sic!] Herr P. durch ständige Übernahme neuer Buchsendungen vergrößerte, nahm schließlich einen Umfang an, der ihn veranlasste, eine neben

der Buchhandlung gelegene Möbelhandlung mit großen Ausstellungsräumen (es waren derer 5–6) zur Aufnahme der Bücher zu erwerben.

Ich habe ein Antiquariat mit einer derartigen Ansammlung von Büchern, die nicht nur die vorhandenen Regale sondern in riesigen Stapeln auf der Erde die ganzen Ausstellungsräume füllten, nie gesehen. Dabei war Herr P. vollkommen allein in dem Geschäft und ich habe ihn oft gefragt, wie er überhaupt vielleicht eine Ordnung in diese ungeheuren Bestände bringen wolle. Damals vertrösteten wir uns auf bessere Zeiten.

Ich kann den Wert der Bücherbestände nicht angeben, ebenso wenig den Wert der von Herrn P. für die Lagerung angekauften Regale, bin aber der Meinung, dass ein annähernder Wert von DM 50.–70.000,- nicht zu hoch gegriffen sein dürfte.

Herr P., dessen liebenswürdiges, entgegenkommendes und bescheidenes Auftreten sich immer gleich blieb, hatte ein erstaunliches Wissen auf literarischem Gebiet. Er war vor allen Dingen Liebhaber bibliographischer Werke, von denen er meines Wissens eine besondere Sammlung für sich angelegt hatte.«

Der »Erwerber« gab an, 5500 RM an die »Juden Fritz und Hans Samosch« gezahlt zu haben. Die Samoschs, die der »Erwerber« für Brüder hielt, seien dann – so sinngemäß – 1938 nach Holland ausgewandert. Nach Anfrage des Sachbearbeiters der Hamelner Behörde 1965 lägen der Heimatauskunftsstelle keine »Anträge von Juden« vor. – Der Antrag von Zeev Walter kam in Deutschland beim Ausgleichsamt Bremen und bei der Heimatauskunftstelle für Stadtkreis und Landkreis Breslau beim Landesausgleichsamt Niedersachsen erst 1966 zu Bewusstsein. Bis zum Februar 1964 hatten die Behörden in Tel Aviv gebraucht, um den Antrag abschließend dokumentiert und auf Deutsch ausgefüllt zu versenden.

> *»Es handelt sich um einen Fall der Entziehung im Sinne des § 1 der 11. Leistungs-DV vom 17.11.1962. Gemäß Nr. 2 Abs. 2 der DB zur 11. Leist-DV vom 27.4.1960 liegt hier ein Missbrauch der staatlichen Macht vor, da die Entziehung auf Grund einer Anordnung des Staates erfolgte, die auf Grund solcher Vorschriften getroffen wurde, die ausschließlich oder vorwiegend zum Zwecke der Benachteiligung von Verfolgten erlassen wurde.« (Ausgleichsamt Hameln, 13.Okt.1960)*

»Die Nazis sind mit einem UFO gelandet, haben Deutschland besetzt, furchtbare Verbrechen begangen, sind dann wieder im All verschwunden und haben nur Opfer zurückgelassen« – mit Humor ertrug Onkel Fritz vieles, was eigentlich zum Weinen war.

Am 22. November 1965 wurden dem ehemaligen Angestellten der Buchhandlung N. Samosch 13 260 DM Lastenausgleich zuerkannt. Das Geld dürfte aber wohl niemals zur Auszahlung gelangt sein. Zwar war Walters Antrag zu dieser Zeit noch lange nicht in Hameln angekommen, und man prüfte noch genau. Doch schien die Heimatauskunftsstelle eingegriffen zu haben. Mit Blick auf Walters Antrag musste man sich erst neu orientieren, und der auszahlungsreife Bescheid des »Erwerbers« blieb in der Schwebe. Zuerst klärte man in Ruhe, welches Ausgleichsamt überhaupt zuständig war. Die U.R.O. hatte Walters Antrag nach Bremen geschickt, man einigte sich aber auf das Amt Hameln-Pyrmont.

Mit Schreiben vom 13.10.1966 wurde der »Erwerber« davon in Kenntnis gesetzt, dass auch Zeev Walter Samosch einen

Antrag auf Lastenausgleich gestellt hatte. Mehr als ein halbes Jahr dauerte es dann auch, bis das Ausgleichsamt Hameln-Pyrmont von Zeev Walter Samoschs Tod im Dezember 1968 erfuhr. Seine Witwe Sara Samosch erbte den Antrag sozusagen. Wenig später wurde der »Erwerber« zu den Antragsangaben von Zeev Walter gehört: Er stellte den Erwerb so dar, als sei der Kaufpreis des Geschäfts mit 5500 RM – 1500 RM habe er ohne Wissen der NS-Preisgenehmigungsstelle gezahlt – noch überhöht gewesen. Die Buchregale – so der »Erwerber« – seien noch aus der Zeit vor dem Ersten Weltkrieg gewesen, die Antiquariatsbestände hätten einen Wert von 1200 bis 1600 RM gehabt. Der »Erwerber« verwies bei seinen Angaben auf die *Koebnersche Buchhandlung* in Breslau, deren Vertreibungsschaden ein Herr R. mit 50000 RM angegeben hatte. Diese Buchhandlung hätte zehn Angestellte gehabt und ein umfangreiches Sortimentslager.

Der U.R.O.-Anwalt hielt mit eidesstattlichen Versicherungen von Fritz und Walter Samosch sowie von Hans E. aus Chicago dagegen. Hans E. war neben Herrn R. Sozius in der *Koebnerschen Buchhandlung* gewesen. Dass Fritz und Walter zunächst über 8000 RM als Preis für die Buchhandlung N. Samosch, dann – nachdem sie am 18. Februar 1964 erneut das Schreiben von Rechtsanwalt H. von 1937 gefunden hatten – über 4000 RM sprachen, und der »Erwerber« 5500 RM als Verkaufspreis angab, brachte das Verfahren weiter ins Stocken.

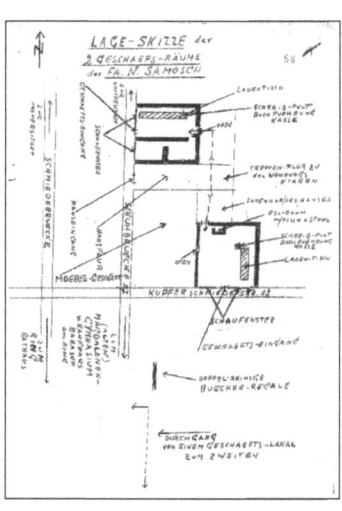

38 | Lageskizze von Buchhandlung und Antiquariat N. Samosch in Breslau als Anlage zum Antrag auf Lastenausgleich, von Zeev Walter Samosch aus der Erinnerung gezeichnet und am 29.03.1967 dem Antrag beigefügt

Es dauerte bis 1971, bis ein Erbschein »zum ausschließlichen Gebrauch für das Wiedergutmachungsverfahren gebührenfrei erteilt« für Hans Samosch vorlag. »Der am 14. Mai 1943 in Sobibór, Polen, verstorbene Hans Samosch, geboren 14. Oktober 1904, ist allein beerbt worden von seinem Bruder Zeew Walter Albert Samosch, geboren am 8. Oktober 1902 in Breslau. Bremen. Das Amtsgericht.« Für die Behörde war die zeitgeschichtlich einmalige, systematische Ermordung von sechs Millionen Menschen damit zum gewöhnlichen Todesfall geworden, so als habe eine Beerdigung stattgefunden, als habe der Bruder von seinem Bruder Abschied nehmen können und die persönlichen Erinnerungsstücke an ihn lägen längst bei ihm zu Hause.

Im September des gleichen Jahres kam das Ausgleichsamt Hameln-Pyrmont dann angesichts der strittigen Punkte zwischen den Angaben vonseiten der Brüder Samosch und des »Erwerbers« bezüglich des Verkaufsvorganges und des Unternehmenswertes zum Zeitpunkt der Arisierung schließlich sogar auf die Idee, die beiden Antragsteller könnten sich doch privat einigen, bzw. Samosch gegen den »Erwerber« gerichtlich vorgehen. Der U.R.O.-Anwalt sah sich genötigt, § 11 a FG, Abs. 1 zu zitieren: »Schäden und Verluste an Vermögensgegenständen, die in Ausnutzung von Maßnahmen der national-sozialistischen Gewaltherrschaft erworben worden sind, werden nicht festgestellt. Das Nähere wird durch Rechtsverordnungen festgestellt.« Darüber hinaus rückte er die Wahrheit zurecht:

> »Wir müssen wirklich bekennen, dass wir mit Befremden davon Kenntnis genommen haben, dass Sie die Erklärung des Erwerbers für die reine Wahrheit nehmen, obwohl dieser selbst in der uns übersandten Erklärung vom 24.10.1969 das Reinvermögen des Betriebes Samosch auf RM 600,- bis 1.200,- beziffert hat. Was für ein Wohltäter ist doch dieser Herr Erwerber, der dann RM 5.500,- zahlt, und noch dazu RM 1.500,- unter Hintergehung der NS-Dienststellen, er hat sich also in außerordentliche persönliche Gefahr begeben,

> *nur um den Juden ca. fünfmal mehr zu bezahlen als der Betrieb überhaupt wert war. Und das soll glaubwürdig sein!?«*

Das Ausgleichsamt entschied sich deshalb, 35 Jahre nach der erzwungenen Geschäftsaufgabe der Familie Samosch noch einmal ganz neu bei den ehemaligen Nachbarn zu ermitteln – nur bei jenen allerdings, die damals vielleicht selbst aktive Nazis, Mitläufer oder beschämte Weggucker gewesen waren. Fritz in Holland gehörte nicht zum Kreis der Angesprochenen.

Stattdessen riet das Ausgleichsamt dem »Erwerber«, Fritz Samosch »wegen seiner eidesstattlichen Erklärung von 1958 zu verklagen.« Fritz hatte damals an Eides statt erklärt: »Unter der herrschenden Zwangslage wollte er [der Erwerber] nicht mehr als RM 35.000,- zahlen.« Der »Erwerber« hatte gegenüber dem Ausgleichsamt dann diese Erinnerung von Fritz als »völlig aus der Luft gegriffen« bezeichnet. Das Amt gab dem »Erwerber« die komplette Adresse des Nazi-Verfolgten in Holland. Die U.R.O. erfuhr zwar nichts von diesen Tätigkeiten des Ausgleichsamtes. Dennoch nahm der Ton zwischen den Parteien an Schärfe zu. Nach der Beschwerde des U.R.O.-Anwalts beim Oberkreisleiter des Landes Hameln-Pyrmont wurde ein neuer Prüfer der Sachlage eingesetzt. Ihm fiel erstmalig auf, dass der »Erwerber« ja selbst als Angestellter der Buchhandlung noch 1936 dort gearbeitet hatte und auch Hans Samosch zusammen mit seiner Frau Rosa dort beschäftigt war. Der »Erwerber« musste sich erneut erklären, denn die Zahl der Angestellten wurde vom Ausgleichsamt zugrunde gelegt, um den Wert eines Unternehmens zu berechnen, und zwar immer dann, wenn keine anderen Dokumente vorhanden waren. Der »Erwerber« musste nun zugeben, dass – genau wie Fritz und Walter erklärt hatten – bis 1936 insgesamt vier bis fünf Mitarbeiter ständig im Familienunternehmen beschäftigt waren und tatsächlich auch Else Samosch gelegentlich mithalf. Nach diesen Aussagen wurde der Wert des Unternehmens hochgerechnet. Man kam auf 15 000 RM. Der Kaufpreis – so erkannten nun auch die Behörden – war nicht angemessen gewesen.

Für Herrn P. bedeutete dies: »Für den Erwerber kann daher weder das Objekt noch der Kaufpreis als Schaden festgestellt werden.« (Ausgleichsamt Hameln). Nun erhielt er nach dem Bescheid vom 28. April 1972 nur noch 440 DM Entschädigung für die Beträge, die ihm durch die Vertreibung auf seinen Bankkonten verloren gegangen waren. Für die Arisierung der Buchhandlung entfiel nun jede Entschädigung.

Jetzt wäre der Weg für eine erklärte Lastenausgleichszahlung frei gewesen. Die Witwe von Walter erklärte sich auch mit der unterdessen sehr bescheidenen Summe einverstanden. Doch der »Erwerber« blockierte alles. Er führte Beschwerde gegen den neuen Bescheid, und – nachdem diese abgelehnt worden war – zog vor Gericht. Noch einmal wurde der gesamte Sachverhalt geprüft.

Am 10. April 1974 wurde die Klage des »Erwerbers« schließlich vom Verwaltungsgericht Hannover abgewiesen. Doch, weil eine Revision des Urteils vor dem Bundesverwaltungsgericht zugelassen worden war – strittig war immer noch, ob man den Kaufpreis nur nach den Personalzahlen von 1937 berechnen konnte oder auch die erzwungene Entwicklung seit 1936 mit in den Blick nehmen sollte –, ordnete der Präsident des Bundesausgleichsamtes natürlich nach Überprüfung »Abhilfe« an, d. h. dem »Erwerber« wurde bei seiner Sicht der Dinge entgegengekommen, der Sichtweise der Verfolgten wurde weiter Rechnung getragen. Für den »Erwerber« wurde 1975 also noch eine Angestelltenzahl von 1937 zugrunde gelegt und erneut gerechnet, die Wertangaben und Wertvorstellungen von Fritz und Herbert E. wurden nun als »nachweislich unrichtig bzw. unrealistisch« angesehen. Und schon war der Kaufpreis von 4000 RM für den Familienbetrieb N. Samosch wieder angemessen. Der »Erwerber« war also wieder im Spiel um die Lastenausgleichszahlungen für seine sagenhaften Umsätze im Buchhandel in den letzten Kriegsjahren in der »Festung« Breslau.

Nachdem ihm eine Hauptentschädigung von 2900 DM plus Zinsen seit 1953 zuerkannt worden war, klagte und beschwerte er sich weiter mithilfe des Bundes der Vertriebenen um die Wertsteigerung der von ihm nun in angemessener Weise erworbenen Firma N. Samosch. Zwar musste er 1976 zugeben, dass er »von April bis August '44« zum Militär eingezogen worden war, dann entlassen wurde und im Januar 1945 zum »Volkssturm« musste. Schließlich war er im Februar 1945 »in russische Kriegsgefangenschaft geraten« und von dort im August 1945 in die SBZ (»Sowjetisch Besetzte Zone«) entlassen worden und die ganze Zeit hindurch gar nicht mehr in Breslau gewesen. Doch auch das hinderte ihn nicht daran, weiter von der Bundesregierung Ausgleich für seine wertvollen Buchantiquariate zu verlangen. Noch bis kurz vor seinem Tod 1978 ließ ihn die Sache nicht ruhen.

Den Betriebsschaden, den man der Witwe von Walter, Sara Samosch, zuerkannte, war im Laufe des Verfahrens noch einmal von 15 000 RM auf 11 000 RM reduziert worden. Davon sollte sie als Erbin von Hans und Walter ⅔ erhalten, natürlich abzüglich des vom »Erwerber« geleisteten anteiligen Kaufpreises (⅔ von 4000 RM), 2666,67 RM.

Die ganze Sache wurde am 5. März 1975 zurück zum allgemein zuständigen Ausgleichsamt Bremen überstellt, das 38 Jahre nach dem Raubzug der Nazis und ihrer Gefolgsleute nun den endgültigen Bescheid erstellen sollte. Sara Samosch war als Beigeladene sogar zweimal ohne Kostenerstattung in Deutschland zum Prozess erschienen. Fritz Samosch schrieb man während des gesamten Verfahrens nicht an. Zwar hatte der Vertreter des Ausgleichsamtes Hameln-Pyrmont schon 1969 festgestellt, dass auch er als »damaliger Verfolgter« für einen Antrag auf Entschädigung unmittelbar in Betracht käme, doch führte dieser folgerichtige Gedanke der Behörden doch zu keiner Konsequenz. Zeitlebens galt Fritz Samosch bei Freunden und Familie als echter Intellektueller: Zurückhaltend, vorsichtig, bedachtsam – er hat sich viel Ärger erspart.

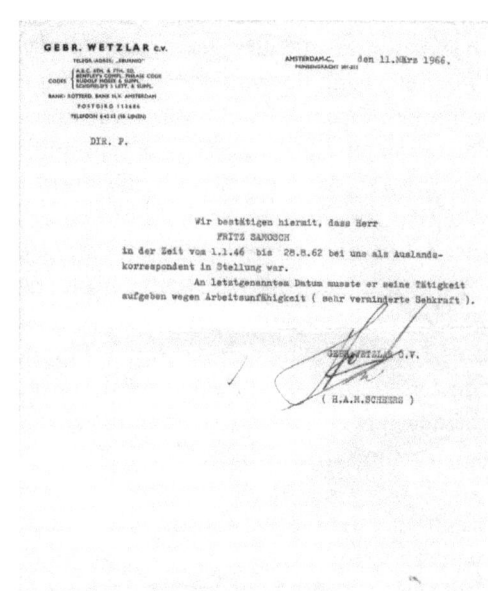

GEBR. WETZLAR c.v.
TELEGR.-ADRES. „BRUNO"

A.B.C. 4TH. & 5TH. ED.
BENTLEY'S COMPL. PHRASE CODE
CODES RUDOLF MOSSE A. SUPPL.
SCHOFIELD'S 3 LETT. A. SUPPL.

BANK: ROTTERD. BANK N.V. AMSTERDAM

POSTGIRO 115446
TELEFOON 242 01 (16 LIJNEN)

AMSTERDAM-C., den 11.März 1966.
HERENGRACHT 201-211

DIR. P.

Wir bestätigen hiermit, dass Herr
FRITZ SAMOSCH
in der Zeit vom 1.1.46 bis 28.8.62 bei uns als Auslands-
korrespondent in Stellung war.

An letztgenanntem Datum musste er seine Tätigkeit
aufgeben wegen Arbeitsunfähigkeit (sehr verminderte Sehkraft).

GEBR. WETZLAR C.V.

(H.A.H.SCHEERS)

*39 | Zeugnis der
Gebr. Wetzlar für
Fritz Heinrich Sa-
mosch, Amsterdam,
11.06.1966*

Mit seiner zweiten Ehefrau Deetje Samosch-Beelt genoss er be-
scheiden seinen Lebensabend in Holland. Dass er von einem
Kreisoberamtmann aus Hameln in Bezug auf die Einschätzung
eines Sachverhaltes in seinem eigenen Metier – nämlich
der Wertbeurteilung einer, d. h. seiner Antiquariatsbuch-
handlung – mit dem Urteil »unrichtig bzw. unrealistisch« ab-
qualifiziert wurde, hat er nie erfahren. Fritz Heinrich Samosch
verstarb viel geliebt und wohl gepflegt von seiner 15 Jahre jüngeren Frau Daisy am 23. März 1983 in Amsterdam.

Nach dem Tod seiner ersten Ehefrau Josefine 1964
heiratete sie 1965 Fritz Heinrich Samosch. Sie hatte ihrem
Ehemann versprochen, den blauen Koffer mit einer erheb-
lichen Anzahl an Dokumenten, Briefen und Fotos aus den
Familien Samosch und Dambitsch sowie von seiner ersten
Ehefrau nach seinem Tod aufzubewahren. Aus den Familien
Samosch sind heute keine Mitglieder mehr bekannt. Das
einzige noch lebende Mitglied ist Rose Samoschs Großneffe
David Dambitsch.

Tante Daisy, deren Mutter in ihrer Jugend noch keinen Nachnamen trug, weil sie als Sklavin in der ehemals niederländischen Kolonie Indonesien schuften musste, lebte bis 2015 hochbetagt in einem Altersheim. Sie hätte auch noch eine Rechnung offen gehabt mit den Erben der »Herrenmenschen« von einst.

Ich fuhr zu Daisys Beerdigung. Holland im Herbst – doch die Septembersonne strahlte noch auf die Trauergäste nieder. Daisy war religiös, eine Ansprache wurde gehalten, die Atmosphäre war respektvoll, voller Dankbarkeit für ein geglücktes Leben. Die Nachfahren ihres längst verstorbenen älteren Bruders hatten nach dem Gottesdienst liebevoll eine kleine Feier unter einem Zeltdach am Eingang des Friedhofs arrangiert. Natürlich gab es indonesisches Essen. Ich, der Journalist aus Berlin, war der Exot in dieser Runde. Durch den Wohnort verbunden mit den Stein gewordenen Zeitzeugnissen des Schreckens von Rassismus und Antisemitismus und gleichzeitig zu Hause in einer Stadt, die heute weltweit für ihre Freizügigkeit und multikulturelle Vielfalt bekannt ist. Man drückte ihn mir etwas verschämt in die Hand, diesen blauen Koffer der KLM Royal Dutch Airlines. Denn keiner der Anwesenden konnte die Briefe, Dokumente und alten Fotos noch deuten. Einige hatten Fritz noch kennengelernt, aber er hatte nicht erzählt und keiner hatte sich getraut zu fragen.

Ich war mit dem Flugzeug angereist – zwar nicht mit der KLM, der niederländischen Fluggesellschaft mit ihrem blauen Emblem –, doch mein Handgepäckkoffer hätte farblich ebenfalls gepasst. So musste ich mich entscheiden und packte um.

Und so war es, als ich Berlin wieder erreichte, mein blauer Koffer geworden, der die Zeugnisse der Vergangenheit enthielt. Es war meine Sache geworden, zu Hause auszupacken.

Nachwort

Hannah Dambitsch

Dieses Buch erzählt eine jüdische Familiengeschichte. Aber es berichtet auch von Flucht und von dem Leben in verschiedenen Staaten Europas und der ganzen Welt, und letztlich vom Leben selbst. Wie willkürlich und manchmal doch durch eigene Kraft ein Leben eines Menschen geformt wird.

Die Geschichte der drei Cousins zeigt, wie zerbrechlich doch ein sorgsam aufgebautes Leben sein kann. Was den meisten so sicher erscheint, wie eine Staatsangehörigkeit, ist anderen eine unerfüllte Sehnsucht. Jeder kann so ein Privileg jedoch, wie unwahrscheinlich es auch erscheinen mag, schnell verlieren.

Den Paaren Fritz und Fini und Hans und Rosa wurde nach und nach immer mehr Entscheidungsmacht über ihr Leben genommen. Die Umstände in Polen und Österreich waren so nicht mehr zu ertragen, sodass sie fliehen mussten. Egal wohin, Hauptsache sicher.

Fritz und die anderen flohen aufgrund antisemitischer Verfolgung. Flucht kann aber viele Gründe haben. Vieles an der vorliegenden Geschichte hat mich an die Flüchtlinge in Moria oder allgemein in Europa erinnert. Staaten, die nur eine wahnwitzig kleine Anzahl an geflüchteten Menschen aufnehmen. Menschen, die nur einen Ort suchen, um in Frieden leben zu können.

Ich hoffe, dass dieses Buch, insbesondere in der heutigen Situation, ein wenig daran erinnert, dass Fluchtgründe oder Staatenlosigkeit jeden betreffen können. Auch jeden Europäer. Jeden. Wie es das schon in der Vergangenheit getan hat. Es kann hoffentlich das Mitgefühl mit denjenigen befördern, welche heute, jetzt gerade betroffen sind, und das Bewusstsein hervorbringen, dass Frieden und Menschenrechte allen zukommen sollten.

Dank

Silke Dambitsch, meine Frau, hat die Entstehung dieses Buches mit unschätzbarem Elan ermöglicht, gefördert und inspiriert. Ohne sie, die mit einer kaufmännischen Ausbildung Formulare und Dokumente oft mit ganz anderen Augen sieht, wäre die komplexe Materie des Inhalts der Lastenausgleichsakte und des Allgemeinen Entschädigungsfonds (»General Settlement Fond«) für überlebende »Arisierungs«-Opfer und deren Nachkommen der Republik Österreich für mich kaum durchschau- und nachvollziehbar geworden. Sie war es auch, die sich bereits im Jahr 2002 mit der Materie zu beschäftigen begann. Denn Deetje Samosch-Beelt (genannt Tante Daisy), die zweite Ehefrau von Fritz, war in ihren letzten Lebensjahren weder sprachlich noch altersbedingt dazu in der Lage, die umfangreichen Anträge auszufüllen, die der Entschädigungsfonds für jüdische NS-Verfolgte verlangte. Diesen hatte die Republik Österreich immerhin 57 Jahre nach Ende des Zweiten Weltkriegs ins Leben gerufen. Meine Frau hat damals alles für sie erledigt. Dafür gebührt ihr Tante Daisys und mein Dank!

Ein besonderer Dank geht an Deetje Samosch-Beelt selbst. Sie lebte in einem Altersheim in den Niederlanden und verstarb im Jahr 2015 im Alter von 98 Jahren. Auch ihr möchte ich für ihre großzügige und freundliche Unterstützung danken.

Autor und Verlag möchten sich außerdem für die freundliche Unterstützung bedanken bei Monique Beelt und ihrem Ehemann Victor, Monique Beelt ist die Cousine von Deetje Samosch-Beelt; sowie bei Adrian Kok (alle Niederlande), ihrem langjährigen Freund und Vertrauten, die geduldig und verständnisvoll auf vielfältige Weise halfen. Ein Dank für wertvolle Hinweise geht darüber hinaus an Werner Schroeder, Oldenburg, und an Prof. Dr. Ernst Fischer, Mainz. Ein spezieller Dank geht an die Botschaft des Staates Israel in der Bundesrepublik Deutschland, insbesondere an Shir Gideon, Pressesprecherin der Botschaft des Staates Israel, Dr. Christina Thesing, Referentin in der Kulturabteilung sowie an Boris H. Peltonen, Stellvertretender Sprecher, und an die Central Zionist Archives in Jerusalem und Suzanne Berns, Kuratorin des Theodor Herzl Archives, für wertvolle Unterstützung. Ihnen verdanke ich die bislang unerforschte Quellen über die Alija[132] von Walter Samosch und dessen verzweifelte Versuche, seine Mutter Else, seinen Bruder Hans und dessen Ehefrau Rosa zu retten.

Ein weiterer herzlicher Dank für wertvolle Hintergrundinformationen über die Ritchie Boys geht an Prof. Dr. Guy Stern, Detroit/USA, der selbst als Ritchie Boy zur Befreiung Deutschlands vom Nationalsozialismus wesentlich beigetragen hat.

Dr. Anna L. Staudacher vom Institut für Geschichte der Universität Wien, ausgewiesene Expertin für das weit verzweigte Thema der Konversionen, danke ich für detaillierte und erhellende Hinweise.

Laurens Beijen (Niederlande) gebührt ein gesonderter Dank für freundliche Unterstützung und Überlassung der Polizeiberichte, die zur Verhaftung von Hans Samosch und Rosa Samosch-Bial führten. In den Niederlanden existieren vier Familien unter dem Namen Beijen. Aufgrund eines Hinweises von Laurens Beijen wurden wir aufmerksam auf die Familie von Greet Beijen (die 1943 im KZ Ravensbrück ermordet wurde).

Bedanken möchte ich mich auch bei Dr. Chana Schütz und Dr. Hermann Simon und allen Mitarbeiterinnen und Mitarbeitern von Archiven und Bibliotheken unterschiedlichster Institutionen, die dieses Projekt hilfreich unterstützt haben. Und zuletzt geht ein großer Dank an Lothar Wekel, den Verleger, für sein Engagement für das Buch, an Stefan Gücklhorn, den Lektor, für sein gewissenhaftes, aufmerksames, genaues und behutsames Lektorat im Entstehungsprozess dieses Buches, an die Grafikerin Anja Carrà für die Gestaltung des Buchumschlages, und schließlich an das gesamte Team des Verlagshauses Römerweg für die angenehme Zusammenarbeit. Autor und Verlag bedanken sich bei der Inge Deutschkron Stiftung, der Ursula Lachnit-Fixon Stiftung und bei der Axel Springer Stiftung, die dieses Buch gefördert haben.

Anhang

Verzeichnis der Familienmitglieder

Die Mitglieder der Familie Samosch

Isidor Samosch, Dez. 1822 in Breslau – 04.09.1895 in Breslau
verheiratet mit
Nanni Samosch (geb. Simmel), 1829 in Neumarkt – 1900 in
Breslau
1844 Gründer Antiquariat und Buchhandlung N. Samosch in
Breslau

Sie hatten fünf Kinder. Die drei Töchter von Isidor und Nanni
waren:

Rosalie Samosch, 10.01.1855 in Breslau – 25.12.1934 in Breslau
Dorothea Samosch, 06.11.1857 in Breslau – 27.09.1921 in Breslau
Regina Samosch, Breslau, verheiratet (keine weiteren Angaben)

Die zwei Söhne von Isidor und Nanni waren:

Samuel Samosch, 21.10.1859 in Breslau – 02.03.1935 in Wien
verheiratet mit
Rose Samosch (geb. Dambitsch), 02.07.1874 in Liegnitz –
10.05.1918 in Dresden

   ein Sohn, Enkel von Isidor und Nanni:

   Fritz Heinrich Samosch, 16.10.1901 in Wien – 23.03.1983 in
   Amsterdam, Exil
   verheiratet in erster Ehe mit
   Josefine Samosch (geb. Schöber), 06.03.1900 in Wien –
   17.06.1964 in Driebergen/Niederlande, Exil
   und in zweiter Ehe mit

Deetje Samosch (geb.Beelt), 06.12.1916 in Purworedjo/Indonesien – 15.09.2015 in Heemskerk/Niederlande

Dr. Julius Samosch, 23.11.1869 in Breslau – 27.12.1920 in Breslau
verheiratet mit
Else Samosch (geb. Fraenkel), 19.12.1978 in Loebschütz –
13.04.1942, ermordet in Izbica/Polen, Ghetto

zwei Söhne, Enkel von Isidor und Nanni:

Walter Samosch (später: Zeev Samosch), 08.10.1902 in Breslau – 27.12.1968 in Cherev le-Et / Israel, Exil
verheiratet mit
Sara Samosch, geboren ursprünglich in Rumänien (keine weiteren Angaben)

Hans Samosch, 14.10.1904 in Breslau – 14.05.1943, ermordet im KZ Sobibór
verheiratet mit
Rosa Samosch-Bial, 1910 in Bernstadt – 14.05.1943, ermordet im KZ Sobibór

Die Mitglieder der Familie Dambitsch

Wilhelm (Wolff) Dambitsch, 29.08.1838 in Bojanowo – 29.05.1912 in Breslau
verheiratet mit
Theoda Dambitsch (geb. Weigert), 18.12.1844 in Rosenberg/Oberschlesien – 12.11.1916 in Berlin/Breslau

Wilhelm (Wolff) und Theoda hatten drei Kinder, deren ältester Sohn war:

Felix Dambitsch, 20.06.1872 in Liegnitz – 15.09.1938 in Breslau
verheiratet mit

Leontine Dambitsch (geb. Meyer), 15.09 1889 in Grünberg/Schlesien – 23.01.1945, ermordet im KZ Auschwitz

ein Sohn, Wilhelms (Wolffs) und Theodas Enkel:

Werner Dambitsch (in den USA Warner Danby), 23.06.1913 in Breslau – 13.12.1983 in New York/USA, Exil
verheiratet mit
Karin Danby, 15.08.1919 in Stettin – 05.12.2019 in New York/USA, Exil

Deren zweitgeborene Tochter war:

Rose Dambitsch, 02.07.1874 in Liegnitz – 10.05.1918 in Dresden
verheiratet mit
Samuel Samosch, Sohn von Isidor und Nanni

ein Sohn, Enkel von Wilhelm (Wolff), Theoda, Isidor und Nanni:

Fritz Heinrich Samosch, 16.10.1901 in Wien – 23.03.1983 in Amsterdam, Exil
verheiratet in erster Ehe mit Josefine Samosch (geb. Schöber), nach deren Tod
mit Deetje Samosch-Beelt

Deren jüngster Sohn war:

Dr. Ludwig Dambitsch, 19.04.1876 in Liegnitz – 09.03.1937 in Dresden,
verheiratet mit
Marianne Dambitsch (geb. Geyer), 18.08.1887 in Berlin – 24.05.1964 in Berlin

Sie zogen zusammen sechs Kinder groß, vier davon stammten aus der ersten Ehe von Marianne und hatten ebenfalls einen jüdischen Vater, zwei Kinder bekam sie zusammen mit Ludwig. Die Enkelkinder von Wilhelm und Theoda waren:

Marianne Dambitsch, 09.08.1923 in Berlin – 10.01.2012 in Mailand/Italien, Exil
kurzzeitig nach dem Krieg verheiratet mit
Hans Schmidt (keine weiteren Angaben)

Wilhelm Dambitsch, 21.08.1926 in Potsdam – 13.10.2000 in Groß-Gliniecke
verheiratet mit
Leonore Dambitsch (geb. Mebes), 24.10.1925 im Magdeburg – 08.05.1999 in S. Marina Salina/Italien

Wilhelm und Leonore hatten zwei Kinder. Die Urenkel von Wilhelm (Wolff) und Theoda:

Benjamin Dambitsch, 29.04.1953 in Berlin – Juni 1985 in S. Marina Salina/Italien

David Dambitsch
verheiratet mit *Silke Dambitsch*

Sie haben zwei Kinder. Die erstgeborene Ururenkelin von Wilhelm (Wolff) und Theoda:

Sophie Dambitsch,
verheiratet mit
Christopher Dambitsch
Die bisherigen Urururenkel von Wolff und Theoda:
Nava Rose Dambitsch und *Levi Aaron Dambitsch*

Die zweitgeborene Ururenkelin von Wilhelm (Wolff) und Theoda:
Hannah Dambitsch

Von Isidor und Nanni gibt es keine Nachfahren mehr, die ihre Geschichte noch erzählen könnten. Auch Werner, später Warner Danby, sowie Marianne und Benjamin Dambitsch hatten keine Kinder.

Quellenverzeichnis

Unveröffentlichte Quellen

Nachlass Samosch, Fritz Heinrich
Interviews: Danby, Karin R., 27.06.2003, Berlin; 23.10.2008, New York/USA
Interview mit Stern, Prof. Dr. Guy, 11.11.2014, Berlin

Alle Dokumente befinden sich – sofern nicht anders verzeichnet – im Archiv des Verf.

Archive

Central Archives for the History of the Jewish People, Jerusalem, Israel

Central Zionist Archives, Jerusalem, Israel: file number 56P\2523\'r; file number 56P\257a\'r

Bundesarchiv. Lastenausgleichsarchiv, Bayreuth: Lastenausgleichsakte Nr. 634.; Aktenzeichen des Ausgleichsamtes: 31361

Bundesarchiv. Gedenkbuch – Opfer der Verfolgung der Juden unter der nationalsozialistischen Gewaltherrschaft in Deutschland 1933–1945. https://www.bundesarchiv.de/gedenkbuch/ [09.05.2023]

Uniwersytet wroclawski, Biblioteka Uniwersyteka, Wrocław

Archiv: Żydowski Instytut Historyczny (Jüdisch-Historisches-Institut, Warschau/Polen); Akte: Gmina Żydowska we Wrocławiu 1755–1944 (Im Institut ist dieser Gesamtbestand mit der Nummer »105« versehen)

Österreichisches Staatsarchiv; AAT-OeStA/AdR E-uReang VVSt VA Buchstabe S 39496; Samosch, Fritz, 16.10.1901, 1938–1945 (Akt (Sammelakt, Grundzl., Konvolut, Dossier, File)); Signatur: AAT-OeStA/AdR E-uReang VVSt VA Buchstabe S 39496

Magistrat der Stadt Wien; Magistratsabteilung 8; Wiener Stadt- und Landesarchiv; Korrespondenz m. d. Verf.

Deutsche Nationalbibliothek: Deutsches Exilarchiv 1933–1945

Archiv der American Guild for German Cultural Freedom, New York: Samosch, Fritz: Wait for further communication, 07.05.1940; National Coordinating Committee for Aid to Refugees and Emigrants Coming from Germany, Brief, 31.01.1939; American Guild for German Cultural Freedom: Brief, 10.09.1938; Samosch, Fritz: Application for an affidavit, ohne Datum; D.08.49, Samosch, Fritz: Personenakte Fritz Samosch

Ausstellungskatalog Der Deutschen Bibliothek »Deutsche Intellektuelle im Exil: ihre Akademie und die ›American Guild for German Cultural Freedom‹«. München 1993; Begleitbroschüre für die Wanderausstellung. Leipzig, Frankfurt am Main, Berlin 2000.

Sächsisches Staatsarchiv, Leipzig

Börsenverein der Deutschen Buchhändler zu Leipzig: Archivaliensignatur F 11162; Samosch Inhaber H. P., N., Buchhandlung und Antiquariat, Breslau; Sächsisches Staatsarchiv, 21765.

Stadsarchief Amsterdam; Archiefnummer EVOPR00183000189; EVOPR00198000031; EVOPR00201000053; NL-SAA-20012264; NL-SAA-20154210; NL-SAA-20154304; NL-SAA-20165706; NL-SAA-20165738; NL-SAA-20165893: https://archief.amsterdam/archief/5225/6731; https://archief.amsterdam/archief/5225/7153; https://archief.amsterdam/archief/5225/7155; https://archief.amsterdam/archief/30238/703; https://archief.amsterdam/archief/30238/1779; https://archief.amsterdam/archief/5225/7182; https://archief.amsterdam/archief/5225/7179

Geheimes Preußisches Staatsarchiv, Berlin: Hauptabteilung I; Signatur: Rep. 77/275; Rep. 84a; Justizministerium; Nr. 20355: Durchführung des Gesetztes zur Wiederherstellung des Berufsbeamtentums in Bezug auf die Richter, 1933; Nr. 20364: Gesetz zur Wiederherstellung des Berufsbeamtentums-Berichte, 1933–1934

Staatsbibliothek zu Berlin – Preußischer Kulturbesitz

Adressbuch des Deutschen Buchhandels, 1938: Signatur: Ja 10852-3; Signatur: Jc 2629/63-29/36

Archiv des Jüdischen Museums Berlin: Sammlungen des Jüdischen Museums Berlin: Katalog 93 des Antiquariats S. Martin Fraenkel: »Judaica. Darunter eine große Moses-Mendelssohn-Sammlung.« Lagerverzeichnis des

Antiquariats S. Martin Fraenkel. Sammlungsbereich: Archiv. Inv.-Nr.: DOK 93/502/213

Archiv der Stiftung Neue Synagoge Berlin – Centrum Judaicum: Archiv (CJA), 1 (Gesamtarchiv der deutschen Juden); Todesanzeigen: Dorothea Samosch, Signatur CJA,1ABr7,Nr.113,#1264; Rosalie Samosch ,Signatur CJA,1ABr.7 Nr.126, #1277; Dr. Julius Samosch, Signatur CJA,1ABr7,Nr.112, # 1263

Nützliche Websites/Referenzdatenbanken
Alle abgerufen am 14.06.2020

Akademische Verlagsgesellschaft – Wikipedia. https://de.wikipedia.org/wiki/Akademische_Verlagsgesellschaft

Anne Frank House – https://www.annefrank.org

Beijen, Margarethe – http://beijen.net/nieu9.htm

Breslauer Jüdisches Gemeindeblatt in: Goethe Universität Frankfurt am Main – Digitale Sammlungen – Compact Memory – http://sammlungen.ub.uni-frankfurt.de/

Joods Monument
https://www.joodsmonument.nl/nl/page/169640/hans-samosch
https://www.joodsmonument.nl/nl/page/169639/rosa-samosch-bial
https://www.joodsmonument.nl/nl/page/395808/hans-en-rosa-samosch-bial
abgerufen: 17.05.2023

ICARUS – International Centre for Archival Research – www.matricula-online.eu

Nature, Band 142, Zum 70. Geburtstag von Leo Jolowicz, 1938, S. 244 – http://www.nature.com/nature/journal/v142/n3588/abs/142244b0.html

Schlesisches Museum zu Goerlitz: Digitalisierung und Bereitstellung der »Mitteilungen des Verbandes ehemaliger Breslauer und Schlesier in Israel e. V.«

Yad Vashem – Internationale Holocaust Gedenkstätte/Israel – Shoah Names Database

https://yvng.yadvashem.org/index.html?language=en&s_id=&s_lastName=sa-mosch&s_firstName=hans&s_place=&s_dateOfBirth=&cluster=true
abgerufen: 17.05.2023

https://yvng.yadvashem.org/index.html?language=en&s_id=&s_lastName=sa-mosch-bial&s_firstName=rosa&s_place=&s_dateOfBirth=&cluster=true
abgerufen: 17.05.2023

Literaturverzeichnis

Gedruckte Quellen

Barkow, Ben; Gross, Raphael; Lenarz, Michael (Hg.): Novemberpogrom 1938 –
Die Augenzeugenberichte der Wiener Library, London. Frankfurt am Main
2008.

Bin Gorion, Emanuel; Loeven, Dr. Alfred; Neuburger, Dr. Otto; Oppenheimer,
Johann F. (Hg.): PHILO-Lexikon Handbuch des jüdischen Wissens. Berlin
1935.

Diner, Dan (Hg.): Enzyklopädie jüdischer Geschichte und Kultur. Gesamtwerk
in 7 Bänden inkl. Registerband. Stuttgart/Weimar 2011–2015.

Fischer, Ernst: Verleger, Buchhändler & Antiquare aus Deutschland und
Österreich in der Emigration nach 1933. Ein biographisches Handbuch.
Elbingen 2011.

Herlitz, Georg und Kirschner, Bruno (Hg.) Jüdisches Lexikon – Ein enzyklo-
pädisches Handbuch des jüdischen Wissens in vier Bänden (5 Bände)
Berlin: Jüdischer Verlag/Berlin, 1927 - 1930

Jäckel, Eberhard; Longerich, Peter; Schoeps, Julius H. (Hg.): Enzyklopädie des
Holocaust – Die Verfolgung und Ermordung der europäischen Juden, (3
Bände). Berlin 1993.

Kaznelson, Siegmund (Hg.): Juden im deutschen Kulturbereich. Ein Sammelwerk. 2. stark erweiterte Ausgabe. Berlin 1959.

Schroeder, Werner: Die Arisierung jüdischer Antiquariate zwischen 1933 und
1942 I. In: Aus dem Antiquariat. NF 7 Nr. 5 (2009), S. 315–320.

Ders., Die Arisierung jüdischer Antiquariate zwischen 1933 und 1942 II (2009).
In: Aus dem Antiquariat. NF 7 Nr. 6 (2009), S. 374 f.

Segev, Tom: Die siebte Million – Der Holocaust und Israels Politik der Erinnerung. Reinbek bei Hamburg 1995.

Aus Wissenschaft und Antiquariat – Festschrift zum 50jährigen Bestehen
der Buchhandlung Gustav Fock GmbH. Einmalige Auflage von 1500 Ex.
Leipzig 1929.

Literatur, Autobiographien, Einzelstudien

Ascher, Abraham: A Community Under Siege: The Jews of Breslau Under Nazism. Redwood City/USA 2007.

Bikales, Gerda: Through the Valley of the Shadow of Death. A Holocaust Childhood. Indiana/USA 2010.

Cohn, Willy: Kein Recht, nirgends – Tagebuch vom Untergang des Breslauer Judentums 1933–1941. Herausgegeben von Norbert Conrads. Köln 2006.

Dambitsch, David: Im Schatten der Shoah – Gespräche mit Überlebenden und deren Nachkommen. Wien/Berlin 2002.

Ders.: »Mein Vater – das »U-Boot«. In: taz vom 04.05.2007/Sonderbeilage zur Gründung der Stiftung Überbrücken.

Elias, Norbert: Norbert Elias über sich selbst. Frankfurt am Main 1990.

Friedla, Katharina: Juden in Breslau/Wroclaw 1933–1949 – Überlebensstrategien, Selbstbehauptung und Verfolgungserfahrungen. Köln 2015.

Geller, Jay H.: Die Scholems – Geschichte einer deutsch-jüdischen Familie. Berlin 2020.

Henderson, Bruce: Sons and Soldiers: The untold Story of the Jews Who Escaped the Nazis and Returned with the U.S. Army to fight Hitler. New York 2017.

Herzl, Theodor: Feuilletons, Erster Band. Berlin/Wien 1911.

Kahan, Bente (Hg.): Zurückgewonnene Geschichte – Jüdisches Leben in Wroclaw und Niederschlesien. Katalog der Synagoge »Zum Weißen Storch« – Bente-Kahan-Stiftung. Wrocław 2010.

Sahl, Hans: Die Gedichte. Herausgegeben von Nils Kern und Klaus Siblewski. München 2009.

Kerr, Alfred: Das war meine Zeit – Erstrittenes und Durchlebtes. Herausgegeben von Deborah Vietor-Engländer. Frankfurt am Main 2013.

Kertész, Imre: Kaddisch für ein nicht geborenes Kind. Berlin 1992.

Kowalzik, Barbara: Jüdisches Erwerbsleben in der inneren Nordvorstadt. Leipzig 1900–1933. Leipzig 1999.

Kriegsbriefe gefallener deutscher Juden. Mit einem Geleitwort von Franz Josef Strauß. Stuttgart-Degerloch 1961.

Mann, Golo: Deutsche Geschichte des 19. und 20. Jahrhunderts. Frankfurt am Main 1969.

Rahden, Till van: Juden und andere Breslauer Die Beziehungen zwischen Juden, Protestanten und Katholiken in einer deutschen Großstadt von 1860 bis 1925. Göttingen/Zürich 2000.

Reinke, Andreas: Judentum und Wohlfahrtspflege in Deutschland. Das jüdische Krankenhaus in Breslau 1726–1944. Hannover 1999.

Schebera, Jürgen: Vom Josty ins Romanische Café – Streifzüge durch Berliner Künstlerlokale der Goldenen Zwanziger. Berlin 2020.

Sobol, Yohoshua: Weiningers Nacht. Wien 1988.

Stern, Fritz: Fünf Deutschland und ein Leben – Erinnerungen. München 2007.

Weberling, Anne: Zionistische Debatten im Kontext des Ersten Weltkriegs am Beispiel der Herzl-Bund-Blätter 1914–1918. Potsdam 2019.

Abbildungsverzeichnis

Abb. 13: Josefine »Fini« Samosch und Fritz Samosch in Wien, Hintzerstraße, etwa 1928
© Nachlass Fritz Heinrich Samosch
Abb. 14: Josefine »Fini« Samosch und Fritz Samosch bei einem Familientreffen
mit Marianne Dambitsch und ihren sechs Kindern , Potsdam, etwa 1929
© Nachlass Fritz Heinrich Samosch
Abb. 15: Josefine Samosch und Kollegen in der Buchhandlung, Wien, 1930
© Nachlass Fritz Heinrich Samosch
Abb. 16: Widmung auf Vorsatz vom 29.01.1935.
Aufsatz enthalten in: Aus Wissenschaft und Antiquariat – Festschrift zum 50jährigen Bestehen der Buchhandlung Gustav Fock GmbH, Leipzig, 1929
© Nachlass Fritz Heinrich Samosch
Abb. 17: Hans Samosch und Rosa Samosch-Bial vor Antiquariat und Buchhandlung
N. Samosch, Breslau, 1935
© Nachlass Fritz Heinrich Samosch
Abb. 18: Leontine Dambitsch und Felix Dambitsch beim Abschied ihres einzigen Sohnes Werner in Hamburg, April 1938
© Nachlass Werner Wilhelm Dambitsch
Abb. 19: Else Samosch, geb. Fraenkel versucht 1942 kurz vor Ihrer eigenen Deportation über das Deutsche Rote Kreuz Kontakt zu ihrem Sohn Walter in Palästina herzustellen – vergeblich
© Central Zionist Archives
Abb. 20: In direkter Folge zum am 15.03.1938 erfolgten »Anschluss«Österreichs an NS-Deutschland wird Fritz Heinrich Samosch seine Stellung als Buchhändler gekündigt
© Nachlass Fritz Heinrich Samosch
Abb. 21: Drei Monate später erfolgt am 15.06.1938 der Ausschluss von Fritz Heinrich Samosch aus der »Reichskulturkammer« und gleichzeitig damit verbunden das endgültige Berufsverbot
© Nachlass Fritz Heinrich Samosch
Abb. 22 a-b: Josefine »Fini« Samosch und Fritz Samosch, Wien, Hintzer-straße, etwa 1936
© Nachlass Fritz Heinrich Samosch
Abb. 23: Schreiben von Fritz Heinrich Samosch an die »Vermögensverkehrs-stelle« in Wien nach dem »Anschluss«
Österreichs, 07.12.1938
© Nachlass Fritz Heinrich Samosch
Abb. 24: »Amtsbestätigung«, dass »der Jude« Fritz Heinrich Samosch »den zusätzlichen
Namen Israel annehme«, Wien nach dem »Anschluss« Österreichs, 1938

© Nachlass Fritz Heinrich Samosch

Abb. 25: Taufschein Fritz Heinrich Samosch, Wien 1901, mit dem es Josefine Samosch gelang, ihren Ehemann im Jahr 1943 aus Westerbork zu befreien

© Nachlass Fritz Heinrich Samosch

Abb. 26 a-b: »Persoonsbewijs« (»Personalausweis«) von Fritz Heinrich Samosch als »Vreendeling« (»Fremdling«) mit eingestempeltem »J« (Vorder- und Rückseite) in den von Deutschland besetzten Niederlanden, 1944

© Nachlass Fritz Heinrich Samosch

Abb. 27: Bescheinigung der »Zentralstelle für jüdische Auswanderung« vom 13.01.1944, die Fritz Heinrich Samosch attestierte, »hiermit vom Tragen des Judensterns befreit« zu sein, nachdem es Josefine Samosch gelungen war, ihren Ehemann im Jahr 1943 aus dem KZ Westerbork zu befreien

© Nachlass Fritz Heinrich Samosch

Abb. 28: Werner Dambitsch/ Warner Danby als Ritche Boy in der US-Army, 40er-Jahre

© Nachlass Werner Wilhelm Dambitsch

Abb. 29: Werner Dambitsch/ Warner Danby und Karin Danby, 50er-Jahre in den USA

© Nachlass Werner Wilhelm Dambitsch

Abb. 30: Wilhelm Dambitsch, Berlin, 50er-Jahre

© Archiv d. Verf.

Abb. 31: Bescheinigung der Republik Österreich zur erneuten Staatsbürger- schaft von Fritz Heinrich Samosch,
Wien 1948

© Nachlass Fritz Heinrich Samosch

Abb. 32: Bescheinigung der Niederlande zur Erteilung der Staatsbürgerschaft für Fritz Heinrich Samosch, Amsterdam 1957

© Nachlass Fritz Heinrich Samosch

Abb. 33: Bescheinigung der Niederlande zur Erteilung der Staatsbürgerschaft für Fritz Heinrich Samosch, Amsterdam 1957

© Nachlass Fritz Heinrich Samosch

Abb. 34: Fritz Samosch und Ehefrau Josefine, direkt nach der Shoah, Amster- dam 1946

© Nachlass Fritz Heinrich Samosch

Abb. 35: Erster Original-Brief von Fritz Heinrich Samosch in den Nieder- landen an
Walter Samosch in Israel nach dem Zweiten Weltkrieg, Amsterdam 07.12.1956
F. Samosch

© Nachlass Fritz Heinrich Samosch

Abb. 36: Erster Original-Brief von Walter Samosch in Israel an Fritz Heinrich Samosch
in den Niederlanden nach dem Zweiten Weltkrieg, 15. 12. 1956

© Nachlass Fritz Heinrich Samosch

Abb. 37: Brief von Walter Samosch, Israel, an Fritz Samosch, Niederlande

© Nachlass Fritz Heinrich Samosch

Abb. 38: Lageskizze von Buchhandlung und Antiquariat N. Samosch in Breslau als Anlage zum Antrag auf Lastenausgleich, von Zeev Walter Samosch aus der Erinnerung gezeichnet und am 29. 03. 1967 dem Antrag beigefügt

© Nachlass Fritz Heinrich Samosch

Abb. 39: Zeugnis der Gebr. Wetzlar für Fritz Heinrich Samosch, Amsterdam, 11.06.1966

© Nachlass Fritz Heinrich Samosch

Endnoten

1   Imre Kertész: Kaddisch für ein nicht geborenes Kind, Berlin 1992, S. 119.

2   Alfred Kerr: Das war meine Zeit – Erstrittenes und Durchlebtes. Herausgegeben von Deborah Vietor-Engländer, Frankfurt am Main 2013, S. 255.

3   Fritz Heinrich Samosch (geboren 16.10.1901 in Wien/Österreich – gestorben 23.03.1983 in Amsterdam/Niederlande).

4   Original-Brief im Archiv d. Verf.

5   Genauere biografische Informationen lagen zu diesem Zeitpunkt noch nicht vor.

6   Onvoorwaardelijke Opdracht – »Unbedingter Auftrag« vom 24.07.2008. Unterzeichnet von D. M. Brandsma-Beelt (vormals Samosch-Beelt). Beglaubigt von A. A. M. Kok, Archiv d. Verf.

7   Hans Sahl: Die Gedichte. Hg. v. Nils Kern / Klaus Siblewski, München, 2009, S. 237.

8   Zeew Walter Samosch: Antrag auf Feststellung von Vertreibungsschäden, Tel Aviv, an das Lastenausgleichsamt Bremen, in: Das Bundesarchiv – Lastenausgleichsarchiv, Lastenausgleichsakte Nr. 634, Aktenzeichen des Ausgleichsamtes: 31361, Aktenband ZLA 1/4219297, S. 56.

9   Aus Wissenschaft und Antiquariat. Festschrift zum 50jährigen Bestehen der Buchhandlung Gustav Fock GmbH, Leipzig 1929.

10   Werner Dambitsch (geboren 23.06.1913 in Breslau/Schlesien – gestorben 13.12.1983 in New York / USA), 1943 in der USA naturalisiert als Warner W. Danby, Sohn von Felix und Leontine Dambitsch.

11   Wilhelm Dambitsch (geboren am 21.08.1926 in Potsdam – gestorben am 13.10.2000 in Groß Glienicke), Architekt, Vater d. Verf.

12   Walter Samosch (Zeev Zamosh), (geboren 08.10.1902 in Breslau/Schlesien – gestorben 27.12.1968 in Cherew Laet / Israel).

13   Hans Samosch (geboren 14.10.1904 in Breslau/Schlesien – für tot erklärt 14.05.1943 im KZ Sobibór / Polen).

14   »Abraham Geiger [...] Bahnbrecher der jüdischen Reformbewegung.« PHILO-Lexikon, Handbuch des jüdischen Wissens, Berlin 1935, S. 218. »Die verschiedenen Gebiete der jüdischen Wissenschaft sind von Abraham Geiger (1810–1874), einem Gelehrtem von universalem Wissen, kritischer Begabung und konstruktiver Kraft, behandelt worden. [...] Er war der Begründer der »wissenschaftlichen Theologie des Judentums«. Juden im deutschen Kulturbereich. Ein Sammelwerk. Berlin 1959, S. 940. »Für Geiger war nicht das Gesetz das Element der Kontinuität, sondern der spezifische Geist, der dem jüdischen Volk seit biblischer Zeit innewohne und der es zu höheren Stufen religiöser Entwicklung geführt habe.« Enzyklopädie jüdischer Geschichte und Kultur, Bd. 5, Stuttgart/Weimar 2011, S. 124.

15 Karin R. Danby, geb. Engel (geboren 15.08.1919 in Stettin – gestorben 05.12.2019 New York / USA).

16 Fritz Stern: Fünf Deutschland und ein Leben, München 2007, S. 25.

17 vgl. dazu: Abraham Ascher: A Community Under Siege: The Jews of Breslau Under Nazism, Stanford 2007. Gerda Bikales. Through the Valley of the Shadow of Death. A Holocaust Childhood. Indiana/USA 2010

18 Alfred Kerr: Das war meine Zeit – Erstrittenes und Durchlebtes. Herausgegeben von Deborah Vietor-Engländer. Frankfurt am Main 2013, S. 252.

19 Vgl. dazu: Jay H. Geller: Die Scholems – Geschichte einer deutsch-jüdischen Familie, Berlin 2020.

20 Vgl. dazu: Uniwersytet Wroclawski Biblioteka Uniwersyteka, Wrocław, Brief an d. Verf. vom 27.03.2009.

21 Rosalie Samosch (geboren 10.01.1855 in Breslau/Schlesien – gestorben 25.12.1934 in Breslau/Schlesien). Grabstein Alter Jüdischer Friedhof in Breslau/Schlesien, heute Wrocław/Polen. Archiv der Stiftung Neue Synagoge Berlin – Centrum Judaicum.

22 Dorothea Samosch (geboren 06.11.1857 in Breslau/Schlesien – gestorben 27.09.1921 in Breslau/Schlesien). Grabstein Alter Jüdischer Friedhof in Breslau/Schlesien, heute Wrocław/Polen. Archiv der Stiftung Neue Synagoge Berlin – Centrum Judaicum.

23 Samuel Samosch (geboren 21.10.1859 in Breslau/Schlesien – gestorben 02.03.1935 in Wien/Österreich). Brief Magistrat der Stadt Wien – Magistratsabteilung 8, Archiv, an d. Verf. vom 03.05.2002.

24 Dr. med. Julius Samosch (geboren 23.01.1869 in Breslau/Schlesien – gestorben 27.12.1920 in Breslau/Schlesien). Archiv der Stiftung Neue Synagoge Berlin – Centrum Judaicum.

25 E-Mail Till van Rahden a. d. Verf: vom 12.12.2013.

26 Andreas Reinke: Judentum und Wohlfahrtspflege in Deutschland. Das jüdische Krankenhaus in Breslau 1726–1944, Hannover 1999, S. 144.

27 »Jonas Fraenckel (1773–1846) vermehrte das Familienvermögen durch seine Tätigkeit als Bankier und verwendete es größtenteils für wohltätige Zwecke.« Enzyklopädie jüdischer Geschichte und Kultur, Stuttgart/Weimar 2011, Bd. 1, S. 417.

28 Zurückgewonnene Geschichte – Jüdisches Leben in Wroclaw und Niederschlesien. Katalog der Synagoge »Zum Weißen Storch« – Bente-Kahan-Stiftung, Wrocław 2010, S. 17.

29 »1886 gründete [Jonas Fraenckel] das Israelitische Hospital mit angeschlossenem Waisenhaus. Im Hospital brachte er die Sammlung rabbinischer Literatur seines Großvaters sowie im Jahr 1841 eine moderne jüdisch-wissenschaftliche Bibliothek unter. In seinem Testament verfügte er zudem die Stiftung eines »Zufluchthauses« für Verarmte (gegründet 1852) und einer Handwerkschule (gegründet 1856). Die wichtigste

im Fraenckel-Testament gestiftete Institution, »ein Seminar zur Heranbildung von Rabbinern und Lehrern«, war mit einer Nachlasssumme in der außergewöhnlichen Höhe von 100 000 Talern ausgestattet.« Enzyklopädie jüdischer Geschichte und Kultur, Stuttgart/Weimar 2011, Bd. 1, S. 417.

30   Juden im deutschen Kulturbereich. Ein Sammelwerk. Berlin 1959, S. 513.

31   E-Mail Till Van Rahden a. d. Verf. vom 12.12.2013.

32   vgl. dazu: Jay H. Geller: Die Scholems – Geschichte einer deutsch-jüdischen Familie, Berlin 2020.

33   Alfred Kerr: Das war meine Zeit – Erstrittenes und Durchlebtes. Herausgegeben von Deborah Vietor-Engländer. Frankfurt am Main 2013, S. 252.

34   Rose Samosch, geb. Dambitsch (geboren 02.07.1874 in Liegnitz/Schlesien – gestorben 10.05.1918 in Dresden).

35   Wilhelm (Wolff) Dambitsch, Schuhwarenhändler (geboren 29.08.1838 in Bojanowo/Schlesien – gestorben 29.05.1912 in Breslau/Schlesien), war verheiratet mit Theoda Dambitsch, geb. Weigert (geboren 18.12.1844 in Rosenberg/Oberschlesien – gestorben 12.11.1916 in Berlin, beigesetzt in Breslau) – Urgroßeltern d. Verf. Rose Dambitsch lebte bis zu ihrer Heirat mit Samuel Samosch bei ihren Eltern – zunächst in Liegnitz, dann in Breslau – bevor sie im Jahr 1900 mit ihm nach Wien zog.

36   Theodor Herzl: Feuilletons. Erster Band, Berlin/Wien 1911, S. 193.

37   Aus einer Rede des Bürgermeisters Karl Lueger in der am 10.07.1899 abgehaltenen Versammlung des christlich-sozialen Arbeitervereins in Wien, in: Yohoshua Sobol: Weiningers Nacht, Wien, 1988, S. 145

38   Magistrat der Stadt Wien. Magistratsabteilung 8. Wiener Stadt- und Landesarchiv: Brief an d. Verf. vom 03.05.2002.

39   Magistrat der Stadt Wien. Magistratsabteilung 8. Wiener Stadt- und Landesarchiv: Brief an d. Verf. vom 03.05.2002.

40   Universität Wien – In: https://geschichtegesichtet.univie.ac.at/ 0_froehlich.html (abgerufen am 10.05.2023).

41   vgl. dazu: Jay H. Geller: Die Scholems – Geschichte einer deutsch-jüdischen Familie, Berlin 2020.

42   Kriegsbriefe gefallener deutscher Juden, Stuttgart-Degerloch 1961, S. 107.

43   Dr. Ludwig Dambitsch (geboren 19.04.1876 in Liegnitz/Schlesien – gestorben 09.03.1937 in Dresden), Landgerichtsrat am Landgericht I Berlin, zwangsweise in den Ruhestand versetzt gemäß § 6 des berüchtigten »Gesetzes zur Wiederherstellung des Berufsbeamtentums« (BBG) der Nazis vom 07.04.1933 (»Verzeichnis der wegen ihrer nichtarischen Abkunft beurlaubten Beamten«, Geheimes Preußisches Staatsarchiv, Berlin). –Großvater d. Verf.

44   Berliner Klinische Wochenschrift, medizinische Fachzeitschrift, welche zwischen 1864 und 1921 in deutscher Sprache erschien. Sie trug den Untertitel »Organ für praktische Ärzte«. Ausgabe August 1921,

58 Teil 2 Ab 725, S. 901. Archive.org. – In: https://archive.org/details/
BerlinerKlinischeWochenschrift192158Teil2Ab725/page/n195/mode/2up
(abgerufen am 24.09.2020)

45 Hebräisch: »Sohn der Pflicht« – im Alter von dreizehn Jahren werden
Jungen zur Tora aufgerufen. Mädchen zur Bat-Mitzwah. Diese Zeremonie
markiert den Beginn des jüdischen Erwachsenenalters.

46 Norbert Elias über sich selbst, Frankfurt am Main, 1990, S. 111 f.

47 »Das Jüdisch-Theologische Seminar Fraenckelscher Stiftung in Breslau
(heute Wrocław), das von 1854 bis 1938 bestand, war weltweit das erste
Rabbinerseminar, das akademische Wissenschaftlichkeit beanspruchte.
Als eines der historischen Zentren der Wissenschaft des Judentums war
es Ausgangsort einer zwischen Reform und Orthodoxie vermittelnden
religiösen Richtung, die sich im amerikanischen Conservative Judaism
bis heute fortsetzt.« Enzyklopädie jüdischer Geschichte und Kultur,
Stuttgart/Weimar 2011, Bd. 1, S. 416.

48 Katharina Friedla: Juden in Breslau/Wroclaw 1933–1949 – Überlebensstrategien, Selbstbehauptung und Verfolgungserfahrungen. Köln/Wei-
mar/Wien 2015, S. 68.

49 Josefine Samosch, geb. Schöber (geboren 06.03.1900 in Wien/Österreich –
gestorben 17.06.1964 Driebergen/Niederlande), Ehefrau von Fritz Heinrich
Samosch.

50 Alle im Archiv d. Verf.

51 Zeugnis Kunstverlag Wolfrum für Josefine Samosch vom 31.12.1932,
Archiv d. Verf.

52 Ernst Fischer: Verleger, Buchhändler & Antiquare aus Deutschland und
Österreich in der Emigration nach 1933. Ein biographisches Handbuch.
Elbingen 2011, S. 235.

53 Zum legendären Kulturklima Wiens s.: Erinnerungen von Leo Glückselig
in: David Dambitsch: Im Schatten der Shoah – Gespräche mit Überlebenden und deren Nachkommen. Wien/Berlin 2002, S. 182–198.

54 Felix Dambitsch (geboren 20. 06. 1872 in Liegnitz/Schlesien – gestorben
15.09.1938 in Breslau/Schlesien) – Großonkel d. Verf.

55 Editorial Assistent bei einem Wissenschaftsverlag.

56 Anne Weberling: Zionistische Debatten im Kontext des Ersten Weltkriegs
am Beispiel der Herzl-Bund-Blätter 1914.1918, Potsdam 2019.

57 Ebd., S. 10.

58 Mitteilungen des Verbandes ehemaliger Breslauer und Schlesier in Israel
e. V. No. 40 (Sept. 1976) (237), S. 13, in: Schlesisches Museum zu Goerlitz:
Digitalisierung und Bereitstellung der »Mitteilungen des Verbandes ehemaliger Breslauer und Schlesier in Israel e. V.«.

59 Anne Weberling: Zionistische Debatten im Kontext des Ersten Weltkriegs
am Beispiel der Herzl-Bund-Blätter 1914–1918, Potsdam 2019, S. 183.

60 Testament im Nachlass von Fritz Heinrich Samosch, Archiv d. Verf.
61 Barbara Kowalzik: Jüdisches Erwerbsleben in der inneren Nordvorstadt
    Leipzig 1900–1933, Leipzig 1999, S. 40.
62 Nature, Band 142, Zum 70. Geburtstag von Leo Jolowicz, 1938, S. 244.
    http://www.nature.com/nature/journal/v142/n3588/abs/142244b0.html
    (abgerufen am 10.05.2023).
63 https://de.wikipedia.org/wiki/Akademische_Verlagsgesellschaft
    (abgerufen am 14.06.2020).
64 Ebd.
65 Zeugnis im Nachlass von Fritz Heinrich Samosch, Archiv d. Verf.
66 Widmung auf Vorsatz vom 29.01.1935. Aufsatz enthalten in: Aus Wissen-
    schaft und Antiquariat – Festschrift zum 50jährigen Bestehen der Buch-
    handlung Gustav Fock GmbH, Leipzig 1929, S. 317–321: Archiv d. Verf.
67 Aus den Sammlungen des Jüdischen Museums Berlin: Katalog 93 des
    Antiquariats S. Martin Fraenkel: »Judaica. Darunter eine große Moses-
    Mendelssohn-Sammlung.« Lagerverzeichnis des Antiquariats S. Martin
    Fraenkel.
68 Aus Wissenschaft und Antiquariat – Festschrift zum 50jährigen Bestehen
    der Buchhandlung Gustav Fock GmbH, Leipzig 1929, Aufsatz S. Martin
    Fraenkel, S. 320. Archiv d. Verf.
69 Ebd., S. 319.
70 Ebd., S. 218.
71 S. Abb. 15.
72 Central-Verein-Zeitung, Organ des Central-Vereins Deutscher Staats-
    bürger Jüdischen Glaubens, 14 (1935) Nachruf 04.01.1935, in: Compact
    Memory – Digitale Sammlungen – Goethe Universität/
    https://sammlungen.ub.uni-frankfurt.de/cm/periodical/pageview/
    2290193?query=rosalie%20samosch (abgerufen am 11.05.2023).
73 Katharina Friedla: Juden in Breslau/Wrocław 1933–1949 – Überlebens-
    strategien, Selbstbehauptung und Verfolgungserfahrungen, Köln/
    Weimar/Wien, 2015, S. 154.
74 »Am 15. September 1935 wurden in Nürnberg zwei Verfassungsgesetze
    erlassen, die die Basis für den Ausschluß der Juden aus dem öffentli-
    chen Leben Deutschlands und für die nachfolgende antijüdische Politik
    bildeten. [...] Das ›Reichsbürgergesetz‹ legte fest, dass nur Deutsche oder
    Personen mit ›artverwandtem Blut‹ Bürger des Reichs seien. Durch dieses
    Gesetz verloren deutsche Juden ihre politischen Rechte – sie wurden zu
    ›Staatsangehörigen‹ –, wohingegen man die ›arischen‹ Deutschen zu
    ›Reichsbürgern‹ erklärte. Das ›Reichsbürgergesetz‹ wurde durch 13 zwi-
    schen November 1935 und Juli 1943 herausgegebene Durchführungsver-
    ordnungen ergänzt, die Juden systematisch aus dem öffentlichen Leben
    in Deutschland ausschlossen.« Enzyklopädie des Holocaust, Band 2,

Berlin 1993, S. 1055.

75 Tel Aviv Stamps – Auction #41, 10.11.2014: Lot#688: Struck, Hermann – 4
    Autographen auf seinem privaten Briefpapier aus Haifa April/Mai 1936.

76 »Ab dem 7. April 1933 wurden antijüdische Gesetze erlassen, die faktisch
    das Prinzip der Gleichberechtigung der Juden, verankert bereits in der
    deutschen Verfassung von 1871, abschafften. [...] Zu den ersten anti-
    jüdischen Gesetzen zählte das »Gesetz zur Wiederherstellung des
    Berufsbeamtentums«. Es basierte auf dem Arierparagraph, der für die
    antijüdische Gesetzgebung bis zur Verabschiedung der Nürnberger
    Gesetze im Herbst 1935 Grundlage war.« Enzyklopädie des Holocaust,
    Band 1, Berlin 1993, S. 329–330.

77 Diese Arbeit wurde international besprochen. Besonderes Lob fand:
    »So umfangreich und wertvoll auch die Literatur über das Verfassungs-
    recht des Deutschen Reichs ist, so fehlte es bisher doch an einem groß
    angelegten, den Anforderungen der Wissenschaft entsprechenden
    Kommentar zur Reichsverfassung. Diese Lücke ausgefüllt zu haben ist
    ein Verdienst des Verf. [Dr. Ludwig Dambitsch, d. Verf.], der, wenn wir
    nicht irren, Amtsrichter in einem kleinen Städtchen Schlesiens ist. Umso
    größere Anerkennung verdient es, dass es dem Verf., dem an seinem
    Wohnorte nicht eine große öffentliche Bibliothek zur Verfügung stand,
    gelungen ist, das große Material an Aktenstücken und parlamentarischen
    Verhandlungen, wie die reiche, aber auch vielfach in Abhandlungen sehr
    zerstreute Literatur zusammenzubringen und zu verarbeiten.« Rezen-
    sion Edgar Loening, in: Jahrbücher für Nationalökonomie und Statistik,
    Band 3. F.40 1910 = 95.1910; Heft 6; (1910). Bedenkt man, dass Dr. Ludwig
    Dambitsch durch seine Schwester ohne Problem intensiven Zugang zum
    Buchhandel und zum Antiquariat hatte, wird dieses Lob erklärlich.

78 Aufgrund des in der Bundesrepublik Deutschland geltenden Persönlich-
    keitsschutzrechts ist die Nennung des Klarnamens des »Erwerbers« –
    laut Bundesarchiv – »zu anonymisieren« (Brief Bundesarchiv vom
    24.03.2009 a. d. Verf.). Daher wurde sein Name geändert.

79 Schreibweise und Unterstreichungen durch den Antragsteller Herrmann
    Pfatzner.

80 Nachlass Fritz Heinrich Samosch, Archiv d. Verf.

81 Unkenntlichmachung der Klarnamen aufgrund Vorgabe des Bundes-
    archivs, s. Fußnote 78.

82 Das »Reichsfluchtsteuer«-Gesetz vom 18.05.1934 entzog den Juden die
    Kontrolle über ihr Vermögen. Enzyklopädie des Holocaust, Band 2, Berlin
    1993, S. 724.

83 Lennart Weiss: In Wien kann man zwar nicht leben, aber anderswo kann
    man nicht l e b e n. Kontinuität und Veränderung bei Raoul Auernhei-
    mer, Acta Universitatis Upsaliensis, Studia Germanistica Upsaliensia 54,

S. 293, Uppsala 2010.

84 Leontine Dambitsch, geb. Meyer (geboren 18.09.1889 in Grünberg/Schle-
    sien – ermordet 23.01.1945 KZ Auschwitz), Ehefrau von Felix Dambitsch –
    Großtante d. Verf.

85 Willy Cohn: Kein Recht, nirgends – Tagebuch vom Untergang des Bres-
    lauer Judentums 1933–1941. Herausgegeben von Norbert Conrads, Köln
    2006, Band 2, S. 536 f.

86 Mitteilungen des Verbandes ehemaliger Breslauer und Schlesier in Israel
    e. V. No. 8/9 (1963) (72), S. 10. In: Schlesisches Museum zu Goerlitz: Digita-
    lisierung und Bereitstellung der »Mitteilungen des Verbandes ehemaliger
    Breslauer und Schlesier in Israel e. V.«

87 Zu den Novemberpogromen Wiens s: Erinnerungen von Rabbinerin
    Eveline Goodman-Thau, in: David Dambitsch: Im Schatten der Shoah –
    Gespräche mit Überlebenden und deren Nachkommen.
    Wien/Berlin 2002, S. 231–245.

88 Novemberpogrom 1938 – Die Augenzeugenberichte der Wiener Library,
    London. Herausgegeben von Ben Barkow, Raphael Gross und Michael
    Lenarz. Frankfurt am Main 2008, S. 7.

89 Fritz Samosch hatte u. a. im September 1938 und im Januar 1939 versucht,
    bei der American Guild for German Cultural Freedom ein Affidavit zu
    erlangen, um zu seinem Cousin Werner Wilhelm Dambitsch (Warner
    W. Danby) in die USA zu emigrieren, was jedoch scheiterte. Archiv der
    American Guild for German Cultural Freedom, in: Deutsches Exilarchiv
    1933–1945, Die Deutsche Bibliothek, Frankfurt am Main: Briefe des Natio-
    nal Coordinating Committee for Aid to Refugees and Emigrants Coming
    from Germany an Fritz Samosch vom 10.09.1938 und vom 31.01.1939.
    Karteikarten Nr. 78451 und EB 70/117 zu Fritz Heinrich Samosch mit Ver-
    weis auf »Application for an Affidavit«, in: Staatsbibliothek zu Berlin –
    Preußischer Kulturbesitz, Handschriftenabteilung, Zentralkartei der
    Autographe.

90 American Guild for German Cultural Freedom: 1935 von Hubertus Prinz
    zu Löwenstein gegründete und von ihm als Generalsekretär geleitete
    amerikanische Organisation zur Aufbringung der Mittel für die Auf-
    gaben einer Deutschen Akademie der Künste und Wissenschaften im
    Exil; nahm zunehmend die Aufgaben einer Hilfsorganisation für exilierte
    Schriftsteller, Künstler und Wissenschaftler wahr (bis Dezember 1940),
    u. a. von Bertolt Brecht, Hermann Broch, Elias Canetti, Alfred Döblin,
    Albert Einstein, Lion Feuchtwanger, Oskar Maria Graf, Leonhard Frank,
    Rudolf Frank, Sigmund Freud, Hermann Kesten, Siegfried Kracauer, Erika
    Mann, Heinrich Mann, Klaus Mann, Thomas Mann, Robert Musil, Joseph
    Roth, René Schickele, Franz Werfel, Paul Zech, Stefan Zweig. Vgl. dazu:
    Ausstellungskatalog Der Deutschen Bibliothek »Deutsche Intellektuelle

im Exil: ihre Akademie und die ›American Guild for German Cultural Freedom‹«. München 1993; Begleitbroschüre für die Wanderausstellung. Leipzig/Frankfurt am Main/Berlin 2000.

91 Marianne Dambitsch, verw. Mode, geb. Geyer (geboren 18.08.1887 in Berlin – gestorben 24.05.1964 in Berlin) – Großmutter des Verf.

92 Schriften der Gedenkstätte Deutscher Widerstand, Hg. Christine Fischer-Defoy, Berlin 2015, S. 54.

93 Lebenslauf Marianne Dambitsch, Archiv d. Verf.

94 Anne-Marie Kramer-Mode, geb. Mode (geboren 01.12.1915 in Berlin – gestorben 30.05.2006 in Heelsum/Niederlande), älteste Tochter von Marianne Dambitsch aus deren erster Ehe mit dem jüdischen Landgerichtsrat Dr. Richard Mode. Anne-Marie Kramer-Mode hatte 1939 einen Niederländer geheiratet und lebte mit ihm in der Nähe der Stadt Ede in den Niederlanden.

95 Brief Marianne Dambitsch an Josefine und Fritz Samosch, 02.10.1946, Archiv d. Verf.

96 »Ab April 1939 erhielten die Gemeinden die Möglichkeit, ungeachtet der bestehenden gesetzlichen Regelungen, Juden in bestimmte Häuser oder Wohngebiete einzuweisen.« Enzyklopädie des Holocaust, Band 1, Berlin 1993, S. 50.

97 Vermögensakte »Verzeichnis über das Vermögen von Juden«, Fritz Samosch (Aktenzeichen Nr.: 39496), in: Österreichisches Staatsarchiv, Wien: Archiv d. Verf.

98 Uri Benjamin (= Walter Zadek): Antiquare im Exil: Dr. Abraham Horodisch. In: Aus dem Antiquariat, Börsenblatt für den Deutschen Buchhandel – Nr. 42 vom 29.05.1973, S. 186 ff., hier S. 188 zitiert nach: Werner Schroeder: Die Arisierung jüdischer Antiquariate zwischen 1933 und 1942 II (2009). in: Aus dem Antiquariat. NF 7 Nr. 6 (2009), S. 373.

99 Piet J. Buijnsters: Geschiednis van het Nederlandse Antiquariaat, Nijmegen 2007, S. 186.

100 stadarchief.amsterdam, PDF im Archiv des Verf.

101 Anne Frank House, https://www.annefrank.org/de/anne-frank/vertiefung/niederlande-die-hochste-zahl-judischer-opfer-westeuropa/ (abgerufen am 22.07.2020).

102 »Joodse Raad, der Judenrat der Niederlande, der von 1941 bis 1943 existierte. Er wurde nach den Krawallen holländischer Nationalsozialisten im jüdischen Viertel von Amsterdam Anfang Februar 1941 und den darauf folgenden Zusammenstößen zwischen Juden und Nichtjuden gebildet. Eines der Mittel der Deutschen, die Ordnung nach ihren Vorstellungen wiederherzustellen, war die Schaffung des Judenrats nach dem Vorbild der anderen besetzten Länder.« Enzyklopädie des Holocaust, Band 2, Berlin 1993, S. 682.

103 Politie Amsterdam Rapports 1941 (E-Mail stadarchief.amsterdam.nl vom 21.06.2011 a. d. Verf.).

104 Stadsarchief Amsterdam, Politierapporten 40-45/NL-SAA-20154210 EVOPR00183000185.

105 Niederländisch: »Angestellter« des Jüdischen Rats Amsterdam.

106 http://beijen.net/nieu9.htm (abgerufen am 27.07.2020).

107 https://www.joodsmonument.nl/nl/page/395808/hans-en-rosa-samoschbial (abgerufen am 27.07.2020).

108 Büro Jüdische Angelegenheiten der Polizei Amsterdam.

109 Niederländisch: »zwei deutsche Juden«, in: Politie Amsterdam Rapport v. 20.01.1943.

110 Niederländisch: »Angst vor Deportation«.

111 http://beijen.net/nieu9.htm (abgerufen am 27.07.2020).

112 Ebd.

113 https://www.bpb.de/themen/holocaust/ravensbrueck/60642/es-gibt-zwei-gerueche-die-ich-nie-vergessen-werde-das-ist-chlor-und-wie-es-riecht-wenn-fleisch-brennt/ (abgerufen am 26.07.2020).

114 »Vught, Duchgangslager für Juden im Süden der Niederlande, Teil des Konzentrationslagers Herzogenbusch [...] unter der direkten Aufsicht des Wirtschafts-Verwaltungshauptamtes (WVHA), das die Lagermannschaft zusammenstellte und Karl Chmielewski zum Lagerkommandanten ernannte. Chmielewski hatte kurz davor im Konzentrationslager Mauthausen gedient, von wo er 80 Kapos nach Vught mitbrachte.« Enzyklopädie des Holocaust, Band 3, Berlin 1993, S. 1504.

115 Salo Muller, geboren 29.02.1936 in Amsterdam, überlebte die Shoah in acht Verstecken. Der niederländische Physiotherapeut, der einst beim Fußballverein Ajax Amsterdam arbeitete, zwang die Niederländische Eisenbahn, Verantwortung für ihre Rolle während der Shoah zu übernehmen.

116 Vgl. dazu: E-Mail-Korrespondenz zwischen der Commissie Individuele Tegemoetkoming Slachtoffers WOII Transporten NS und dem Verf. vom 03.11.2019, 06.11.2019 und 11.11.2019, Archiv d. Verf.

117 Tom Segev: Die siebte Million – Der Holocaust und Israels Politik der Erinnerung, Reinbek bei Hamburg 1995, S. 90 f.

118 »Hadassah. 1912 in New York gegründete zionistische Frauenorganisation, die vor allem auf dem Gebiet der Erziehung und Gesundheit in Palästina und später in Israel tätig wurde. Die Gründerin Henrietta Szold (1860–1945) ließ sich dazu von den Ideen des amerikanischen Progressivismus und der Frauenrechtsbewegung inspirieren. Mehr als dreißig Jahre lang setzte sich Hadassah für die Etablierung medizinischer und sozialer Einrichtungen im jüdischen Palästina sowie für die Rechte von Frauen ein.« Enzyklopädie jüdischer Geschichte und Kultur,

Stuttgart/Weimar 2011, Bd. 2, S. 498.

119 »Georg Landauer (1895–1954), der 1923 – 1929 innerhalb der Jewish Agency
for Palestine (der zionistischen Palästina-Verwaltung) in dem wichtigen
Ressort für Arbeitsbeschaffung tätig gewesen war, hat mit dem Beginn
der deutsch-jüdischen Einwanderungs-Welle nach 1933 hervorragend für
deren Einordnung im Lande gewirkt.«
Juden im deutschen Kulturbereich. Ein Sammelwerk. Herausgegeben
von Siegmund Kaznelson. Mit einem Geleitwort von Richard Wilstätter.
Mit einer Vorbemerkung von Robert Weltsch. 2. stark erweiterte Ausgabe,
Berlin 1959, S. 999.

120 Anmerkung 108: Landauer an Blumenfeld, 18. März 1943, ZZA,S/7 2016, zitiert in: Tom Segev: Die siebte Million – Der Holocaust und Israels Politik
der Erinnerung, Reinbek bei Hamburg 1995, S. 91.

121 Central Zionist Archives, Jerusalem, Israel: Alijaanträge Walter Samosch,
Else Samosch, Hans Samosch. Archiv d. Verf.

122 Junge Juden, die aus dem von den Nazis besetzten Europa nach Amerika flohen. Nachdem die Vereinigten Staaten in den Krieg eingetreten
waren, kehrten sie zurück, um für ihre Wahlheimat und für die Familien,
die sie zurückgelassen hatten, zu kämpfen. Ihre Geschichten erzählen
die Geschichte einer der größten Geheimwaffen der U. S. Army. Diese
jungen Männer – nach dem Lager Camp Ritchie in Maryland, in dem
sie ausgebildet wurden, als die Ritchie Boys bekannt – wussten, was die
Nazis mit ihnen machen würden, wenn sie gefangen genommen würden.
Dennoch nutzten sie die Gelegenheit, in kleinen Elite-Teams zu jeder
größeren Kampfeinheit in Europa geschickt zu werden, wo sie wichtige
taktische Informationen über die Stärke des Feindes, die Truppen- und
Panzerbewegungen und die Verteidigungsstellungen sammelten, die
den Amerikanern das Leben retteten und zum Sieg des Krieges bei-
trugen. Ein Bericht der Nachkriegsarmee ergab, dass fast 60 Prozent der
in Europa gesammelten glaubwürdigen Informationen von den Ritchie
Boys stammten. »Sofort mit Beginn des Kriegseintritts der USA begann
Warner Danbys Schulung in ›Camp Ritchie‹, zwei Stunden entfernt von
New York. Der berühmte Henry Kissinger war auch dort.« Interview Karin
Danby in Berlin, 27.06.2003, S. 2, Archiv d. Verf. »In den National Archives
and Records Administration, Washington D.C., findet sich folgender
Wortlaut: ›Der Bronze-Stern wird an folgende Personen für verdienst-
volle Leistungen in Verbindung mit militärischen Operationen gegen den
Feind verliehen: * An Master Sergeant Warner Danby (ASN 35119620), MIS
(Militär Nachrichtendienst), Hauptquartier, 4. Panzerdivision, 7. August
1944, Pont Scorff, Frankreich. Eintritt in den Militärdienst von Ohio aus.
* Pont Scorff ist mit der Region Lorient in der Bretagne verbunden. Eine
Halbinsel, die Standort eines der wichtigsten deutschen U-Boot-Basen

war. Sie wurde stark verteidigt.« Interview mit Prof. Dr. Guy Stern, 11.11. 2014, S. 3–6, Archiv d. Verf. Vgl. dazu in: Bruce Henderson: Sons and Soldiers: The untold Story of the Jews Who Escaped the Nazis and Returned with the U.S. Army to fight Hitler, New York 2017.

123 Antony Beevor: Die Ardennenoffensive 1944. Hitlers letzte Schlacht, München, 2016.

124 Interview Karin R. Danby in Berlin, 27.06.2003, S. 2, Archiv d. Verf.

125 Ebd.

126 *Mein Vater – das »U-Boot«* von David Dambitsch, erschienen in der Beilage zur Gründung der Stiftung Überbrücken in der *taz* vom 04.05.2007, Archiv d. Verf.

127 Ebd.

128 »Das von den Berlinern kurz ›Mampestuben‹ genannte Restaurant (eigentlich firmierte es als›Mampes gute Stuben‹) war ein Bier- und Speiselokal mit langem Tresen für die Laufkundschaft und ausgedehnten Gasträumen, in deren Nischen man ziemlich ungestört sitzen konnte – das Richtige für den ›Gasthausarbeiter‹ Joseph Roth. Anfang Dezember 1923 war sein erster Beitrag in der Frankfurter Zeitung erschienen, zur selben Zeit entstand am Stammtisch in den Mampestuben das Manuskript seines ersten Romans Hotel Savoy.« Jürgen Schebera: Vom Josty ins Romanische Café – Streifzüge durch Berliner Künstlerlokale der Goldenen Zwanziger, Berlin 2020, S. 159.

129 Niederländisch: »übersetzt von«.

130 Buch im Archiv d. Verf.

131 Original-Briefwechsel Fritz Heinrich Samosch – Zeev Walter Samosch 1956–1965: Archiv d. Verf.

132 »Alija (Pl., Alijot, hebr.) hat die Grundbedeutung von ›Aufstieg‹. Der Begriff bezeichnete schon in biblischen Zeiten die Wanderung in das Land Israel, auf seine erhöhte Lage anspielend. Bibelkommentatoren verliehen dem Terminus eine spirituelle Bedeutung, indem sie den Vorgang des Aufsteigens in die Ankunft im Heiligen Land umdeuteten. Die zionistische Bewegung griff die sakrale Konnotation auf, transformierte sie in eine säkulare politische Idee und machte die Alija zu einem zentralen Bestandteil des nationalen Selbstverständnisses.« Enzyklopädie jüdischer Geschichte und Kultur, Stuttgart/Weimar 2011, Bd. 1, S. 36.

Diese Publikation wurde unterstützt durch die

INGE
DEUTSCHKRON
STIFTUNG

Axel Springer Stiftung.

Impressum

Bibliografische Information der Deutschen Nationalbibliothek Die Deutsche Nationalbibliothek verzeichnet diese Publikation in der Deutschen Nationalbibliografie; detaillierte bibliografische Daten sind im Internet über

http://dnb.d-nb.de abrufbar.

© by marixverlag in der Verlagshaus Römerweg GmbH, Wiesbaden 2023

Lektorat: Stefan Gücklhorn, Wiesbaden
Covergestaltung: Anja Carrà, Weimar
Covermotiv: Jenny Sturm © stock.adobe.com
Buchsatz: Kia Kahawa Verlagsdienstleistungen (Lena Adolph) | www.kiakahawa.de

Der Titel wurde in Dolly Pro und Futura PT gesetzt.

Gesamtherstellung: CPI books GmbH, Leck – Germany

ISBN: 978-3-7374-1216-2

Mehr über Ideen, Autoren und Programm des Verlags finden Sie auf
www.verlagshausroemerweg.de und in Ihrer Buchhandlung.